致远初中
学校文化概览

赖明谷　叶险雄　著

复旦大學 出版社

党的教育方针：

坚持教育为社会主义现代化服务，为人民服务，
把立德树人作为教育的根本任务，
全面实施素质教育，
培养德智体美劳全面发展的社会主义建设者和接班人，
努力办人民满意的教育。

致远初中学校文化精神（校训）：立德树人，弘毅致远

✦ 文化是一种向往

✦ 文化是一种情怀

✦ 文化是一种传承

✦ 文化是一种熏陶

✦ 文化是一种精神

✦ 文化是一种力量

目　录

一所学校的发展，文化是其精神内核。致远初中自创办以来就立志"弘毅致远"。经过20多年的沉淀，致远初中逐步形成了具有自身特色的学校文化——学校的核心文化是"立德树人，弘毅致远"；管理文化是"制度为纲，文化为魂"；育人文化是"探究真理，心灵高尚"；校园文化是"书香校园，阳光少年"。

办学理念是在教育理念指引下，校长特别是创始校长关于"办怎样的学校"和"怎样办好学校"的深层思考的结晶；办学定位则是在理念引领下，经过较长时期的实践、沉淀形成的办学思路、目标方向。致远初中的办学理念是：立教有爱，立学有成；明德博学，弘毅致远。办学定位是：规模适度，注重质量；条件完善，师资优良；人文校园，阳光少年；以人为本，服务铅山；奋力向前，办成名校。而办学精神则是处于两者之间的学校精神气蕴，致远初中的办学精神是：不忘初心、弘毅致远的担当精神；笃行思齐、行胜于言的务实精神；时不我待、追求卓越的进取精神；研究规律、探索真知的创新精神。

第五章
学校的内外治理

学校治理分外部治理和内部治理两大方面，致远初中从创办到发展，从幼小到成长，从一般学校到优质学校，得益于国家的制度设计、政府的支持、社会的理解，得益于学校内部良好的制度体系和治理能力。面对2021年《民办教育促进法实施条例》等系列教育新政的出台，致远初中人有着清醒的认识，将不断细化内部管理、提升治理能力。

第六章
创校校长叶险雄"致致远同学书"

"烈火淬新蓝，家书抵万金。"致远初中创校校长、党支部书记、董事长叶险雄怀抱深深的教育情怀致书他的学生，谈了他创办致远初中的初心，谈了致远初中能给同学带来的不单是知识、文化，更是要给同学们带来思想品德的养成、美好情感的追求、仰望天空的理想和脚踏实地的实干，希望同学们不管在学校里，还是将来走向更广阔的天地，都要将读书作为人生的"唯一"。这是一封校长致学生的"家书"，读来令人感动，饱含期盼。

第七章
校训、校歌、校标

校训是一所学校的人文积淀，展现的是一所学校的气质、气度。致远初中的校训是"立德树人，弘毅致远"。如果说校训是学校的文化灵魂，校歌则是一所学校的精神图腾。致远初中的校歌歌词是：信水河畔，武夷山旁。阳光少年，书声琅琅。致远致远，青苗茁壮。信水河畔，武夷山旁。立德树人，弘毅刚强。致远致远，放飞理想。信水河畔，武夷山旁。五育并举，全面发展。致远致远，桃李芬芳。校标则是学校的标志和象征，体现了一所学校的办学特色，代表着这所学校的办学形象。2021年致远初中在文化提升工程中设计了自己的校标。

第八章
教学之法

再好的教育理念，缺少了实践的检验就是"清谈"！致远初中的管理团队，尤其是叶险雄董事长和徐晓明校长等管理高层，既能够把先进的教育理念转化为教育实践，又能够通过教育实践和对外学习交流不断优化、提升、检验教育实践的效果，形成具有致远初中自身特色的教育叙事。

第九章

制度之盾 ··························

> 孔子说："仁者乐山，智者乐水。"好的学校创办者、管理者、
> 教育者既能乐山，也能乐水。乐山者，就是要有山一样的目
> 标、山一样的意志、山一样的制度；乐水者，就是要有水一
> 般的智慧、水一般的胸怀、水一般的自由。细察致远初中之
> 所以能够"炼成"一流初中，就是拥有一整套"山"一样的
> 制度并能够刚性执行，切实树牢制度之盾；在制度之内，充
> 分发挥师生的智慧，释放教与学的自由。历经20余年的不断
> 完善，致远初中有了一整套完善且具有操作性的治理体系，保
> 障了学校健康发展，尤其在师生教与学的制度上，很有"致远
> 特色"。

第十章

德育之魂 ··························

> 校训"立德树人，弘毅致远"是致远初中的文化核心。致远初中
> 自立校以来，就特别重视学校的德育工作，立足学校实际，确立
> 德育目标，创新德育方法，构建德育体系，形成具有致远初中特
> 色的学校德育——依据受教育者不同年龄、心智，锻造"阳光少
> 年，祖国未来"。

第十一章

"东西南北中，党政军民学，党是领导一切的。"教育的千秋伟业
必须坚持党的领导！致远初中从创办到发展，一直很重视党建工
作，特别是随着"新民办教育促进法"等系列教育新政的出台，
致远初中人有着清醒的认识，不断加强学校党建工作，充分发挥
党组织政治核心和政治引领作用，推动学校思想政治教育和德育
工作，确保学校始终坚持正确的办学方向，全面落实立德树人的
根本任务。

第十二章

经过近一年时间的调研、写作，《致远初中学校文化概览》终于
即将完工。在这期间，我一直在思考中国教育的"道"与"器"
问题——从孔子开始，中国教育总体上是重"道"而轻"器"
的，近代以来才开始重视"器"。特别是中国共产党成立后，我
们的教育不断探索"道""器"相济问题。致远初中之所以发展
得好，正是叶险雄先生准确把握了教育"道"和"器"的关系，
因此我们把《论中国教育的"道"与"器"》一文作为本书的
"收尾"之笔，也算是"点睛"吧。

第一章
导论：文化是一种力量

文化似水，源远流长；文化似水，以柔克刚；文化似水，水滴石穿。鲁迅先生说："文化是骨髓里的东西。"她可能看不见、摸不着，但却充满着力量——文化具有教化力、引导力、向心力、感染力、凝聚力、创造力、穿透力。

文化是一种向往，文化是一种情怀，文化是一种传承，文化是一种熏陶，文化是一种精神，文化是一种力量。

文化是一种向往。向往是一种理想和追求，每个人都会有美好的向往，向往健康，向往成功，向往幸福；一所学校也一样，向往成熟，向往成就，向往美好。向往是追求的动力，向往是向上的力量，向往是理想的标杆。教育从本源上来说是培养人的事业，学校从本质来说是为了文化的发展；只有有了文化向往，才能有师生文化自觉。好的学校文化应该"追求卓越、立德树人"，努力实现"校长引领发展、教师专业发展、学生健康发展"，让学校成为"学生向往、教师幸福、社会满意的理想学校"，让课堂成为"自觉主动、活泼生动、真情互动的理想课堂"，走出一条有"致远梦""致远魂"的办学之路！

文化是一种情怀。文化是什么？有学者说"人本是散落的珠子，随地乱滚，文化就是那根柔弱又强韧的细丝，将珠子串起来成为社会"。对个体来说，品味、道德、智慧是文化积累的结果。对一所好的学校来说，是校长的眼光、治理的智慧，是老师的爱心、教学的真情，是学生的乐学、幸福的成长。学校文化情怀，也体现在校歌上，致远初中的校歌（见第七章）充满着地域气息、青春气息、文化气息，既简洁明了，又朗朗上口，既动听美好，又滋润心田，饱含着致远精神。

文化是一种传承。文化传承指的是文化的传递和承接过程。学校文化是与民族文化、政党文化、地域文化、制度文化等共生的。这些文化是学校文化的母体。但，母亲生十子，子子有不同，不同学校的文化在共生过程中，会孕育出各具特色的内在文化。致远初中学校文化以"弘毅致远"为内核，展示出"阳光文化"——师生充满阳光、教学充满阳光、管理充满阳光、人际交往充满阳光、内心充满阳光、行为充满阳光。学校文化贵在传承与创新，贵在文化自信与自觉。通过文化自信与自觉，形成学校文化价值共识。时刻思索、探究什么是致远初中的文化发展目标，解决任务、动力、途径、资源、方法等问题。只有不断探索、着力行动，才能传承、发展、创新致远初中学校文化。

文化是一种熏陶。"熏陶"一词出自梁启超先生的著作《天演学初祖达尔文之学说及其略传》，指人的思想行为因为长期接触某些事物而受到好的影响。比如，在老师的熏陶下，同学的学习更刻苦了。每个人都是在一定的文化环境熏陶下成长起来的，对于正在长身体、长知识、长思想的初中学生来说，好的学校文化熏陶尤其重要。致远初中的校训是"立德树人，弘毅致远"。"立德树人"是指以德为先，培养全面发展的人才。"弘毅"要求师生刻苦、坚韧、自强、求真；"致远"要求师生志存高远。"有学问而无道德如一恶汉，有道德而无学问如一鄙夫。"致远初中的学校文化深入围绕"立德树人，弘毅致远"而开展，让每位学生在这样的文化熏陶下成长成才。

文化是一种精神。文化精神指的是一种文化的灵魂或精髓。对学校来说，学校的文化精神往往体现在其校训上。"立德树人，弘毅致远"就是致远初中的文化灵魂、文化精髓，既是目标、任务、追求，又是执着追求的过程。立德树人是教育的根本之道，只有立好德，才能树好人。好的学校教育是道器相济的教育，"形而上者谓之道，形而下者谓之器"。道是事物普遍变化的本质、规律、原则，道要通过器来实现。"工欲善其事，必先利其器。"道是辩证法、是本体，器是方法论、是载体，以器才能载道。我们致远初中学校的文化精神就是要坚持"道器相济，各美其美"。

文化是一种力量。文化似水，源远流长；文化似水，以柔克刚；文化似水，水滴石穿。鲁迅说："文化是骨髓里的东西。"它看不见、摸不着，但却充满着力量——文化具有教化力、引导力、向心力、感染力、凝聚力、创造力和穿透力。文化影响着人们的思维方式、价值取向、伦理原则、道德观念、思想意识、精神气质。

文化的作用不言而喻，每一位有眼界、有思想、有追求的校长都十分重视学校的文化建设。致远初中的叶险雄校长在学校已取得不菲成就的时候，念念不忘如何进一步提升学校的文化品牌，打造致远初中学校文化精品工程，嘱咐我与他们的治理团队一起努力。在梳理、研究、思考学校历史的基础上，我觉得想要进一步提升致远初中学校文化，应该先做两件事：一是创作一首校歌——唱响"致远精神"；二是写作一本《致远初中学校文化概览》——使学校文化更具顶层性、思想性和学理性，同时也更为具体化、条理化、可操作化。

是为导论。

第二章
致远初中简介简史

　　私立致远初中坐落在上饶市铅山县鹅湖大道，她创办于1999年9月，是上饶市教育局批准成立的全日制寄宿学校，如今是上饶市优质学校之一。铅山地处武夷山北麓，山川秀美，人文荟萃，县城河口镇曾有"八省码头""江西四大名镇"之称。致远初中人一直有着"名地办名校、名校泽地方"的宏大追求。

一、学校简介

私立致远初中坐落在上饶市铅山县鹅湖大道，她创办于1999年9月，是上饶市教育局批准成立的全日制寄宿学校，如今是上饶市优质学校之一。

铅山历史悠久，文脉不断。商周时期，铅山就有人类劳动生息。公元953年（南唐保大十一年）置县，县所在永平镇，因其西面有铅山，遂以山名县，隶属信州；1949年7月，县治所迁河口镇至今。

河口镇历史上号称"八省码头"，为江西四大名镇之一。现在已成为铅山县的政治、经济、文化和教育中心。致远初中就创办在这样一个历史悠悠，文脉相传的地方。致远初中人一直追求着"名地办名校，名校泽地方"。

铅山地处武夷山北麓，山川秀美，人文荟萃：有世界名山武夷山、国家森林公园鹅湖山，享有"八千景观"之名的既有自然景观，又有人文景观——千古之辩鹅湖书院、千峰之首黄岗山、千载寺观葛仙山、千年古镇河口镇、千首词圣辛弃疾、千古名相费宏、千篇华章蒋士铨、千年古纸连史纸。

名山名镇名人荟，山水人间词人醉。在铅山这样一个拥有"八千景观"、被称"八省码头"的地方办一所好的私立学校，是有志者的名山事业、执着者的理想追求。时序进入20世纪90年代末，两位毕业于上饶师范专科学校（现为上饶师范学院）的优秀青年教师刘谷来、叶险雄在改革开放的潮流中，碰撞出了创办私立学校的思想之火。刘谷来，毕业于上饶师专教学系，曾任铅山中学副校长，全国优秀教师；叶险雄毕业于上饶师专英语系，曾任铅山中学外语教研室主任、教务主任、铅山二中副校长，江西省优秀教师。两位中学优秀教师，也是中学教育教学优秀管理者，在时代的风流中走在了一起，一所优秀的私立致远中学应运而生。

二、学校发展简史

学校创办时为私立完全中学（完中）。2001年秋，为方便办学与治理，初中部与高中部分设办学，致远初中独立成校。当时校园面积仅18亩，建有笃志楼作为教学楼，另有2栋学生寝室；2004年扩容招生，兴建了思齐楼，以及4栋寝室、餐厅和教师宿舍；2016年进行校门改造的同时，兴建了致远楼，增加了1栋寝室；2020年再建了3栋宿舍；2021年，投资2 100万元，对校园进行了全面改造，更换并增添了室内仪器等设备，一所精致完善的致远初级中学呈现在人们面前。

随着学校办学质量的不断提高、学校社会声誉的不断提升，致远初中的在校学生也不断增长：2001年在校学生400人，2004年增至800多人，2008年快速发展到2 000多人，2014年为2 800多人，高峰期的2018年达到3 200多人；2021年夏季后，随着国家政策的调整，本着"控规模、扬优势"的原则，在校生调整为2 500人。一路走来，致远初中人努力拼搏、只争朝夕，奋勇向前、回报社会，一心育人、以生为本，党建引领、科学治理，取得了一系列成绩。

三、学校获得的成绩、荣誉

致远初中虽然办学历史不长，但取得的成绩、获得的荣誉已为学校向名校看齐、办人民满意的教育奠定了扎实的基础！

※ 2003—2011年连续9年取得中考各项指标铅山县第一的好成绩；

※ 2012—2013年中考总平均分全县第二，综合指标全县第一；

※ 2014—2021年再创铅山县中考八连冠的不菲成绩，跨入上饶市一流初级中学的行列。

在取得成绩的同时，上级组织给予了充分的关注、关怀、关心，这里仅列举部分县级以上荣誉称号，供师生和社会各界参考。

※ 2003年至今，连续18年被铅山县委县政府评为"先进学校"；

※ 2005年被上饶市委市政府评为优秀民办学校；

※ 2006年被全国妇联评为"全国流动人口子女、农村留守儿童示范家长学校"；

※ 2006年、2007年连续两年被市委市政府评为"先进学校"；

※ 2007年荣获上饶市首批"全国发展性课堂教学研究实验学校"；

※ 2010年被江西省教育厅评为全省中小学"素质教育月"活动"先进学校"；

※ 2008年被上饶市委市政府评为"先进学校"；

※ 2008—2013年，连续5年在全县综合评估中位列第一名，被评为5A级学校；

※ 2008年被上饶市科协评为"少年科普教育示范基地"；

※ 2010年被江西省民政厅评为"全省先进社会组织"；

※ 2013年被市委市政府评为"先进学校"。

这些成绩和荣誉的取得，得益于党和国家的好制度、好政策，得益于各级地方政府、各主管单位、各级领导的关心支持，得益于学校上下的齐心努力，同时与学校"不忘初心、立德树人，狠抓思政、党建引领"的宗旨密不可分，虽然我们是一所私立学校，但党建是我们各项工作的保证和引领。一直以来我们抓党建出成绩、以党建保方向，获得了不少党建工作荣誉。

※ 2013年被中共江西省社会组织工作委员会、省民政厅党组评为"全省社会组织先进基层党组织"；

※ 2011年、2014年荣获中共铅山县委授予的"先进基层党组织"称号；

※ 2016年荣获县教育局党组授予的"先进基层党组织"称号；

※ 2019年荣获县委授予的"先进基层党组织"称号；

※ 2021年荣获县教育局党组授予的"先进基层党组织"称号；

※ 2021年被上饶市非公组织和社工委评为全市"两新"组织四星级党支部；

※ 不断获得县委宣传部等单位的各项表彰。

第三章
学校的文化内涵

　　一所学校的发展，文化是其精神内核。致远初中自创办以来就立志"弘毅致远"。经过20多年的沉淀，致远初中逐步形成了具有自身特色的学校文化——学校的核心文化是"立德树人，弘毅致远"；管理文化是"制度为纲，文化为魂"；育人文化是"探究真理，心灵高尚"；校园文化是"书香校园，阳光少年"。

一所学校的发展，显性的体现在办学质量，隐性的则体现在学校文化。致远初中自创立以来，立志"弘毅致远，自强不息"，决心办出人民满意的教育，以利于一方百姓。

学校文化是分层次的，处于最顶层的是校训。历经二十余年的探索和升华，现在，致远初中的校训为"立德树人，弘毅致远"。虽然只有八个字，但含义深远，蕴含着致远初中的文化密码。

一、学校核心文化——立德树人，弘毅致远

学校的核心文化，处于学校文化中心地位，往往作为学校的校训而出现。致远初中的校训"立德树人，弘毅致远"就是致远初中的核心文化，体现了崇高的办学追求。这一核心文化一方面源于中国优秀传统文化，另一方面又来源于中国共产党新时代的教育方针核心要点。"弘毅"出自《论语·泰伯》："士不可以不弘毅，任重而道远。仁以为己任，不亦重乎？死而后已，不亦远乎？""弘"意为博大，"毅"指刚毅、坚强。这两句话翻译成今天的话就是："读书人（士）要有坚毅、刚强的品格意志，去追求远大的理想；要肩负起道德（仁爱）的责任，不畏艰难，追求到老。"

"致远"语出诸葛亮《诫子书》："非淡泊无以明志，非宁静无以致远。""致远"就是要有远大的理想和抱负。这两句话的意思就是："不看淡眼前的名利就不会有明确的志向，不能平静安详、全神贯注地学习，就不能实现远大的目标。"

"弘毅致远"就是要以博大的胸怀、坚强的意识淡泊名利、专注学习，追求远大的理想。

"立德树人"简言之就是培养有品德的人才。中国传统文化中有人生"三不朽"之说，即"立德、立功、立言"。《左传》有言："太上有立德，其次有立功，其次有立言；虽久不废，此之谓不朽。"意思是说一个人，最重要的就是要有良好的道德品质，然后才能事业成功，最后才能建言献策、著书立说。

立德树人是我们党的核心教育思想。一切教育都要围绕这一教育思想进行。

立德就是坚持德育为先，通过好的教育来感染人、激励人、引导人；树人就是坚持以人为本，通过合适的教育塑造人、改变人、发展人。

"立德树人，弘毅致远"既源自优秀的传统文化，又紧紧契合党的教育宗旨，立志高远，意蕴深刻。

二、学校治理文化——制度为纲，文化为魂

外部条件和内部因素都会影响学校的治理。学校外部治理条件指的是党和国家的教育政策、法律、法规以及社会环境等。影响一所民办学校的，除了国家宏观和中观的政策措施、法律法规，还有当地政府、教育主管部门对国家有关民办教育的法律法规、政策措施的理解和执行。有的当地领导者能够登高看远，将民办教育与公立教育一视同仁，坚决执行上级的政策、法规，支持、关心私立学校的稳定改革发展；有的或多或少带有偏见。所以，私立学校的外部治理，总体上要难于公立学校。因此，私立学校的内部治理就更为重要，从外因与内因的辩证关系上看，也是内因起决定作用。致远初中自创办以来能够越

来越好，除了得益于良好的外部治理条件和社会环境，关键在于其内部的"良制善治"。

　　学校内部治理指的是学校以完善的制度体系为依托进行的管理过程。制度有狭义和广义之分，狭义的制度指的是一种人为的、正式的、理性的、系统的、成文的行为规范，是一种约束和保障的双刃剑。广义的制度不仅包含正式的、理性的、系统的、成文的行为规范，同时也包括非正式的、非理性化的、非系统化的、不成文的行为规范，即在共同愿景下的一种文化自觉。制度是分层次的，同时还可以是一种动态运动中的体制架构，也是行动、实践中的制约和制衡。制度是一种行为规范和活动空间规范。它一方面约束人们的行为，另一方面又为人们提供可以自由活动的空间。由此可见，制度是一系列权利、义务和责任的综合。

　　好的制度不是冷冰冰的文字，不是板着面孔的机械执行，而是要以文化为魂、人性为上，实现道器相济。许多学校，包括一些私立学校表面上都有不少制度，但往往缺少自己的学校精神，没有自己的学校文化。实际上，制度本身就是一种文化，它可分为表层制度文化和深层制度文化：表层制度文化是指以书面文本或电子文字等形式呈现出来的制度；深层制度文化是指人们对创建制度和遵守制度的态度观、价值观和执行力等。

　　致远初中经过20多年的建设发展，在治理体系和治理能力上不断趋于完善——首先在治理体系上形成了具有致远初中精神和文化的一系列制度；其次在治理能力上形成了决策民主集中制，执行系统扁平高效，已经摆脱了私立学校家族化、管理决策个人化的落后体制机制，逐步走出了一条治理体系和治理能力现代化的正确道路，这在众多的学校、特别是私立学校中实属不易。

三、学校育人文化——探究真理，心灵高尚

学校，是一个有灵魂的知识文化机构；学校文化，是这一灵魂的香水。《周易》有云："观乎人文，以化天下。""以文化人，以文育人"是学校文化的价值旨归。育人文化的本质就是以人类文化的正价值为导引，教化人走向道德、理性、高尚，从而实现立德树人的目标追求。

初中阶段的教育是一种"承上启下"的教育。从知识教育来说，小学是打基础阶段，初中是上台阶阶段；从学生身心发育上看，小学是孩子们的"天真"时期，初中则是孩子们进入青春期的开始。初中阶段的教育是人的成长成才最为关键的阶段，抓好初中教育极端重要，德智体美劳教育要贯穿整个教育过程。因此我们认为初中阶段的教育更要做到"五育"并举，为学生的全面成长成才打下扎实基础。致远初中经过20多年探索，将学校的育人文化定位为"探究真理，心灵高尚"八个字。致远初中一直重视学生的全面发展，以德导智、以美导真、以体导健、以劳导乐。德为才之帅，才为德之基，以德帅才方可成就教育的真谛；体育是健身的主要途径，清华大学一直就有"无体育不清华"之说，体育好才能德智好，身体健康才能成就学业和事业；美是真善的前提，懂得审美，有一颗善良的心，才会有探究真理的品格；劳动创造财富、劳动健身强体、劳动乐观精神，劳动是人民群众的本色，劳育体现在日常细节中。"五育"并举的育人文化就是要引导师生"探索真理，心灵高尚"。

柏拉图对"真理"和"心灵"有过精辟的论述，他把心灵分为三个部分，即理智、意志和情感，而中国传统教育文化中的真、善、美正好与这三个部分相对应："真"即真理、真实、万物的真相；"善"从个体角度上讲，即个人道德上、人格上、精

神上的提升和完善；"美"的本质不是感官上的一时快乐，而是一种精神性的愉悦，一个懂美的人往往有较多的精神追求。

简而言之，就是要以"探究真理，心灵高尚"这八个字引导师生：理智上求真、意志上向善、情感上懂美。这正是育人的真谛！

四、学校校园文化——书香校园，阳光少年

"最是书香能致远。"校园是个充满书香的地方，教师在这里读书、教书，学生在这里读书、学习，琅琅书声是校园最美丽的风景。但致远初中对"书香校园"有自己的深刻理解和美好愿景：书香校园不仅是设置阅读项目、完善图书布置，而是成长气象、气质养成的办学追求。建设书香校园，首先要理解什么是"书香"。书香的由来原本是古人为了防止书籍被虫咬食，便在书中放置一些芸香草，这种草有一种清香之气，后来人们逐渐将读书风气说成"书香"。读书人有一种书卷气，即儒雅而高贵的气质，也就有"腹有诗书气自华"这样的诗句。因为一个人往往只有好读书、读好书，只有将读书作为一种人生追求、一种人生兴趣、一种生活日常，才能不断提升自己的气质、才华，成就事业。

其次，书香校园建设要讲究"形而上与形而下"的结合。《周易·系辞上》中说："形而上者谓之道，形而下者谓之器。""道"是法则、规律，属于源头性的东西；"器"是方法、路径，属于操作性的东西。一所学校要办好，既要遵循教育规律、讲究学校发展战略，又要善于治理、长于执行。书香校园的"形而上"是要明确"书香"的关键是什么；"形而下"则要明确怎样去落实。致远初中的创始校长和他的团队，是一群读

书人、教书人，懂得怎样教好书、办好学校、育好人。他们是一群充满书香的人——只有自己有书香，学校才会有书香，校园才会有书香，师生才会有书香。董事长叶险雄先生是"书香之人"，他不管有多忙，每天都坚持阅读2—3个小时。他以上率下，以行促言，起到了"书香"的头雁效应。由于领头人和治理团队重视书香、懂得书香，所以在书香校园建设上舍得投入——软件上，要使广大教师承担起"书香责任"，使他们能够安心教书、读书，做个真正的"校园书香人"，就要保证老师的收入待遇，否则教师时时要为生计愁，又怎能安心做好书香之人？随着办学成效的不断提高，老师待遇远远高于当地的公立学校教师，并且从制度上进行了科学设计，做到了留人留心。在硬件建设上，学校2021年一次性投入了2 100多万元进行校园整体改造，为书香校园建设打下了坚实的物质基础，优化了书香校园的环境。

再次，逐步形成了具有致远初中学校的书香特色：一是坚持书香养德。初中正是学生世界观、人生观、价值观形成的关键时期，要让孩子们逐渐明白为什么读书、怎么读好书的基本道理，开展多层次、多形式的"书香养德，读书志远"的活动，让德走在书香的前头。二是坚持书香增智。人的智慧才干从哪里来？唯有读书和践行。致远初中重视师生读好三种书，即课业之书、课外之书和社会之书。通过课改实践，不断提升课堂质量，减轻学生的作业负担，将宝贵的时间留给学生阅读课外书籍，扩大学生的知识视野。鼓励学生多了解父母亲人，多了解社会世情。三是书香明理。初中是人的成长期，怎样把他们塑造成"阳光少年，理性君子"，考验教育者的智慧。致远初中从中国优秀传统文化中汲取营养，通过经典诵读等形式，形成"严、爱、礼、智、诚"的五字教育理念，即从"严"着手培养学生的人生追求和品格毅力，从"爱"出发关注学生的身心成长，从"礼"开始培养学生的公民素质，从"智"抓实增进学生的知识和能力，从"诚"开始培养学生真善美品德。

书香校园贵在内涵，贵在坚守，贵在效果。愿致远初中书香浓浓，香飘千里。

第四章
学校的理念定位

　　办学理念是在教育理念指引下，校长特别是创始校长关于"办怎样的学校"和"怎样办好学校"的深层思考的结晶；办学定位则是在理念引领下，经过较长时期的实践、沉淀形成的办学思路、目标方向。致远初中的办学理念是：立教有爱，立学有成；明德博学，弘毅致远。办学定位是：规模适度，注重质量；条件完善，师资优良；人文校园，阳光少年；以人为本，服务铅山；奋力向前，办成名校。而办学精神则是处于两者之间的学校精神气蕴，致远初中的办学精神是：不忘初心、弘毅致远的担当精神；笃行思齐、行胜于言的务实精神；时不我待、追求卓越的进取精神；研究规律、探索真知的创新精神。

一、什么是办学理念

办学理念是一个既抽象又实际的问题。从抽象逻辑角度来说，首先要明确什么是"理念"——所谓理念就是人们通过长期的理性思考及实践所形成的思想观念、理想追求和哲学信仰的抽象概括。其次，办学理念直接牵涉到教育理念问题——所谓教育理念就是教育主体在教育实践及思维活动中形成的对"教育应然"的理性认识和主观要求，它是对"教育应然状态"的判断，是渗透了人们对教育的价值取向或价值倾向的"好教育"观念。再次，办学理念是教育理念的下位概念，是校长，尤其是创始校长关于"办怎么样的学校"和"怎样办好学校"的深层思考的结晶。

办学理念的形成往往与如下四个维度紧密关联：一是以政策理念为理论基础，办学理念必须以国家教育方针、政策和法规为指导；二是继承传统与善于创新，中国教育有着优秀的传统，只有在继承传统的基础上与时代相结合，才能不断创新，更好发展；三是学习与借鉴，它山之石可以攻玉，只有善于学习、善于借鉴，才能办好学校；四是与时代同呼吸共命运，不同时代有不同的教育方针、教育要求、社会需要，只有适时而变、顺势而为，才能办出人民满意的教育。

二、致远初中的办学理念

致远初中创始校长叶险雄是一位胸怀教育初心、执念理想追求、具有先进理念，经过长期实践，懂得道器相济、善于总结借鉴的教育行者。20多年的致远创造，沉淀出具有致远初中特点的办学理念：

立教有爱，立学有成；明德博学，弘毅致远。

阐释如下：

1. 立教有爱，立学有成

教育是一份充满爱心的事业，不管是学校的创办者，还是管理者、教育者，创立一所学校，办好一所学校，就是对社会的一份贡献，对学生的一片爱心。没有爱的人办不好学校，育不好人才。中国教育先圣孔子最核心的教育哲学就是"仁爱"。他说"仁者爱人"——仁者是充满慈爱之心、满怀爱意的人；仁者是具有大智慧、大人格的人。有爱才有阳光，有爱才有雨露，有爱才能把一株小苗育成大树。这就是"立教有爱"！

"立学有成"既指学校创办者要一门心思办好学校，使学校良好发展；更指的是教育者、教师，在育人、教学过程中要引导少年学生树立理想、成就未来。中国古代哲人曾有"人生三不朽"之说——"太上有立德，其次有立功，其次有立言，虽久不废，此谓不朽。"立德（道德成功）——需要治心修身；立功（事业成功）——需要时势机遇；立言（学问成功）——需要学识才华。而这"三立"的基础是"立学"，即刻苦学习，打好学识才干基础。

2. 明德博学，弘毅致远

"明德"典出《礼记·大学》："大学之道，在明明德。"意指好的学校的办学宗旨就在于弘扬光明正大的品德，使人达到最完善的境界。"博学"典出《中庸》："博学之，审问之，慎思之，明辨之，笃行之。"意指广泛的学习、详细的研究、谨慎的思考、清晰的辨别、忠实的践行。

弘毅致远。"弘毅"典出《论语·泰伯》："士不可以不弘毅，任重而道远。"意指读书人只有抱负远大，意志坚强，才能肩担重任，达到理想的彼岸。"致远"典出诸葛亮《诫子书》："夫君者之行，静以修身，俭以养德，非淡泊无以明志，非宁静无以致远。"意指一个有理想有追求的人，要做到以静修身，以俭养德，看开许多事情，树立正确的人生志向，才能行得正，走得远。

三、致远初中的办学精神

人无精神不立。卓越的学校就要有卓越的学校精神。华中科技大学卓越校长杨叔子先生认为："一个民族，没有科学技术，一打就垮；没有精神和文化，不打自垮。"提升一个人要从提升其人生目标开始，提升一个组织就要从提升其精神追求开始。学校作为培育人才、传承文明的特殊社会组织，其关键在于学校精神；一所学校要发展成卓越名校，最终靠的是学校逐年形成的精神内核，这种精神内核会长久、持续释放出强大的发展动力。致远初中经过不断沉淀，形成了颇具自身特色的学校精神：一是不忘初心、弘毅志远的担当精神；二是笃行思齐、行胜于言的务实精神；三是时不我待、追求卓越的进取精神；四是研究规律、探索真知的创新精神。这四种精神相辅相成、相互作用，形成致远初中学校的强大精神气场，促进学校不断向前发展。

阐释如下：

"不忘初心，弘毅致远"是致远初中学校的精神灵魂，处于顶层，具有引领性；"笃行思齐，行胜于言"则是致远初中学校的精神基础。"笃行"语出《礼记·儒行》，"儒有博学而不穷，笃行而不倦"。意为读书为学者只有脚踏实地、坚持不懈才能有所成就。办学、教学、读书都要心怀目标、踏实努力，方能成功！"思齐"语出《论语·里仁》:"见贤思齐，见不贤而内自省也。"意思是见到贤能的人就要向他们学习，即使没有见到贤能的人或见到不是贤能的人也要学会自我反省。"笃行思齐"总体意思是要围绕理想目标，脚踏实地不断努力，做好自己的事，并不断向好的东西学习。"行胜于言"乃是一句成语，意为行动比语言重要！"行胜于言"不是不言，而是言必求实，以行正言。俗语说:"说一千道一万，不如踏踏实实干。"实干兴邦、实干立校，致远初中过去是、今天是、未来更是实实在在干出来的，从创校者到管理团队，从教师到学生都是"笃行思齐，行胜于言"的遵循者、实干者、努力者！"时不我待，追求卓越"是致远初中学校能够越办越好的精神保证，时间不等人，时势造英雄，只有顺势而为、抓紧时间埋头苦干才能出成绩、才能成就卓越。"研究规律，探索真知"是致远初中的办学路径，在这种精神引导下，致远初中人解放思想、善于学习、勇于借鉴、敢于创新，不断探究教育规律、教学规律，求真务实、守正创新，追求卓越、奋力前行。

四、致远初中学校的办学定位

办学定位是在教育理念引领下，校长，特别是创始校长关于学校发展的具体思路、过程与目标的概括。经过较长时期的实践、思考、凝练，致远初中的办学定位是:

规模适度，注重质量；条件完善，师资优良；人文校园，阳光少年；以人为本，服务铅山；奋力向前，办成名校。

阐释如下:

1.规模适中，注重质量

这是办学的规模与质量定位。致远初中自创办伊始就不是追求"大"，而是追求"精"，办学规模控制在在校学生2 000—3 000人。没有一定的规模，难以生存和发展。规模过大难以办精办好，只有适度的规模才能做强做优。

2. 条件完善，师资优良

这是学校的资源定位。要办好一所学校，要具备一定的办学条件（校园、校舍、仪器、图书等）并不断加以完善。致远初中通过多次投入，从校园到校舍，从设备到食堂等各类办学条件，都得到了很好的提升，特别是经过2021年校园的改造、室内设备的更新、综合大楼的建成等，一所精致美丽的致远初级中学耸立在信江河畔。致远初中之所以有今天，关键在于始终重视师资队伍的建设——办学校靠的是有一支结构合理、教艺精湛、乐于奉献、敢于拼搏的教师队伍，致远初中做到了，今后还会做得更好更到位，迎来更美好的明天。

3. 人文校园，阳光少年

这是学校的文化定位。人文校园就是学校处处体现"以生为本""以师为本"的办学理念，处处彰显"人文精神"的校园文化。这是致远初中创办者的追求，也是致远人的执着志向。教育是洒满阳光的事业，人文是春天的雨露。致远初中所追寻的校园文化就是阳光文化，通过知识的浸染、文化的熏陶、师生的互动、友谊的增长，使少年学生身心健康、活泼开朗、品行端正、道德高尚、五育并举、全面发展。

4. 以人为本，服务铅山

这是学校的服务定位。梁启超先生说："少年强则国强。"青少年是祖国的未来、父母的希望，致远初中创办的初衷就是为了留守孩子和更多的少年能够接受好的教育，所以在改革开放的时代潮流中，在铅山县各方的支持帮助下创办学校，并越办越好，致远初中服务的是铅山人民。

5. 奋力向前，办成名校

这是学校的目标定位。致远初中通过20多年的发展，取得了不菲的成绩，在铅山县知名，在上饶市有名，但致远初中并不满足于当下的办学成绩，还在持续奋力向前，目标是把致远初中办成"私立名校，义务教育样板"。

第五章
学校的内外治理

　　学校治理分外部治理和内部治理两大方面，致远初中从创办到发展，从幼小到成长，从一般学校到优质学校，得益于国家的制度设计、政府的支持、社会的理解，得益于学校内部良好的制度体系和治理能力。面对2021年《民办教育促进法实施条例》等系列教育新政的出台，致远初中人有着清醒的认识，将不断细化内部管理、提升治理能力。

学校治理分外部治理和内部治理两个方面。外部治理面临的是党和政府的教育法律法规、教育政策以及社会环境等；内部治理主要是指制定学校内部的章程，建立具体的制度体系，完善治理能力。只有外部治理和内部治理相得益彰，学校才能治理得好，发展得好。作为一所私立学校，致远初中有今天的发展和成就，原因在于：一是得益于改革开放以来，党和国家以及地方政府出台了一系列有利于民办教育发展的法律、法规、政策；二是得益于社会对教育的强烈要求和对私立学校，特别是优质私立学校的理解和接受；三是得益于致远初中学校良好的内部治理——有较为先进的办学思想、办学理念、办学定位，有较为完善的制度体系，有创始校长浓烈的教育情怀、不变的教育初心和较强的治理能力。

无疑，致远初中是成功的，她为铅山甚至是上饶市的义务教育作出了贡献，满足了当地人民群众对好的教育的追求和需要。致远初中办得好、办得有未来，因为她的创办者、管理者是一位曾在重点中学任教，做过学科主任、教务主任，又在县二中担任过副校长的懂教育、有初心的教育专家，其办学的主要目的是为了城乡留守孩子，为了一方百姓，而不是追求资本。然而致远初中这朵民办教育之花并不是时代的全部缩影，在民办教育的快速发展过程中，除了有致远初中这样健康美丽的"向阳之花"，也有"残花"和"毒草"——有些民办学校是冲着教育的寻利性而来的，有些民办教育则完全是冲着资本而来的，缺乏初心和使命。为了净化教育花园、减轻人民群众的教育负担、减轻孩子们的精神和精力负担，国家在2021年新修订了《民办教育促进法实施条例》，围绕民办教育出现的一系列问题出台了一系列"教育新政"，对民办教育尤其是民办义务教育学校震动很大。这个时候，我们致远初中怎么看、怎么办？总结过去，面对未来，还是两句话，洞察学校外部治理环境，练达学校内部治理能力——外因重要，内因更重要！这就是既要看清现实，更要坚定信心；既要有洞察力，更要有治理能力！

一、正确认识和理解民办教育系列"新政"

2021年，对于民办教育来说，注定是无法平静的一年！4月7日国务院公布了修订后的《中华人民共和国民办教育促进法实施条例》，自2021年9月1日起施行。

这一以中华人民共和国国务院令第741号公布的新修订《民办教育促进法实施条例》被称为"新民促法"，敲响了民办教育，特别是义务教育阶段民办教育的警钟——从民办义务教育办学主体的规范，到民办义务教育数量占比的调减；从民办义务教育学校的暂停审批，到各地"公参民"学校的陆续清退，再到上市教育公司遭遇"寒流"。民办教育办学格局的深度调整，正在以肉眼可见的速度次第展开。

"义务教育阶段不允许获利，民办教育将何去何从"成为又一个"时代之问"。怎样答好这一"时代之问"，不仅仅是民办教育举办者要面对的问题，也是整个教育界甚至是整个社会需要回答好的问题。在笔者看来，要答好这个问题，首先要明确国家对民办教育的定位：民办教育是国家整体教育的重要组成部分。2002年12月28日中华人民共和国第九届全国人民代表大会常务委员会第三十一次会议通过的《中华人民共和国民办教育促进法》开宗明义：《民办教育促进法》是为实施科教兴国战略，促进民办教育事业的健康发展，维护民办学校和受教育者的合法权益，根据宪法和教育法制定的法律。为实施好本法，2004年3月5日，国务院令第399号公布了《中华人民共和国民办教育促进法实施条例》。这次的"新民促法"是在新的时代背景下对《民办教育促进法实施条例》的进一步完善和调整。"痛"是必然会有的，但目的是为了更健康的发展。这个过程要分以下几个阶段。

2021年为"初痛期"："痛"在哪里？一是无条件立即停止审批新的民办义务教育学校（含民办九年一贯制学校、十二年一贯制学校和完全中学）；二是叫停所有民办义务教育学校设立新校区和扩大办学规模；三是启动"公参民"义务教育学校的清退或转制；四是开启上市教育公司剥离义务教育阶段的资产。

2022—2023年为"阵痛期"，已经启动创办的民办义务教育学校会"胎死腹中"，想扩建新校区的或扩大招生规模的别"做梦"了，除非立即转轨，转为公办或者非义务教育的办学形式。"公参民"和上市教育公司义务教育剥离退市可能有一个"阵痛"过程，但各级政府必定会下猛药，想躲也躲不过。

2023年下半年开始到2024年走向健康发展期：通过"初痛"和"阵痛"，"药"到逐渐"病"除，民办义务教育学校"适者生存"，健康发展。

二、科学领会和把握"义务教育不允许获利"的精神实质

1. "新民促法"出台的背景

一项制度的出台必然有其深刻的历史和时代背景，民办教育"新政"出台的主要原因归纳起来有如下几点。

（1）民办教育发展过快，造成"民进公退"，有违社会主义

制度本质和教育发展规律。2002年12月28日人大通过的《民办教育促进法》（2003年9月1日起施行），一方面是为了鼓励民办教育发展——那时候国家和地方政府资源有限，需要民办教育来补充公办教育的不足，另一方面更是为了促进民办教育的健康发展。然而，自《民办教育促进法》出台以来，民办教育发展过快，有些地方出现严重的"民进公退"现象。有学者统计分析，20多年来，我国民办学校学生从2002年的1 100万增长到5 600万，增长了4 500万左右，同期公办学校学生少了1 800万左右；整个社会民办学校在校生占比为30%—60%，有的地方高达70%以上；20多年来，民办学校增加了13万所，同期公办学校减少了28万所。"民进公退"问题相当严重，不得不引起高层的警惕。

（2）各种利益集团不断"入侵"教育这块圣地，甚至使得民办教育成为逐利市场，造成民办教育失却了原本的性质——公益性、以育人为核心。一些谋利者打着优质教育集团的旗号与房地产挂钩，哪里有大楼盘哪里就有××名校的分校，学区房成为"生死场"，严重的还出现了"民办学校""公参民"的教育垄断；一些垄断资本和境外资本也打着"教育"的旗号进入民办教育的市场，教育开始进入"危机阶段"，不得不令高层震动。

（3）无序竞争，形成社会焦虑，造成多种压力，甚至影响社会安定。一方面是民办教育体量过于巨大，为了争品牌、造效应、提影响、求利益，生源之战硝烟四起；另一方面在公办和民办学校之外又出现了第三种教育类型——培训教育，这一民办教育的体量更大，甚至有那么几年，世界教育富豪榜的老大、老二、老三都产生在中国。以上种种，使得教育的功能发生紊乱，全民性的教育焦虑、学业压力、教育成本激增，最终引发了一个最高决策——修订《民办教育促进法实施条例》，出台民办教育新政策。

2.“新民促法”出台的目的

国家不是不要民办教育，而是要依法治理，突出公益性质。“新民促法”的出台不是国家要叫停所有的民办教育，而是为了进一步依法治理，规范办学，突出教育的公益性质，更好地促进民办教育的合理发展。

（1）依法治理，规范办学。从制度的角度来说，“法”是相对固化的制度，“条例”是相关政策的调整；《民办教育促进法》是上位法，是制度的“纲”，“实施条例”是下位“法”，是制度的“目”。当然，正如毛泽东所说：“政策和策略是党的生命，各级领导同志务必充分注意”——在我国要办好事情只有懂得法律、遵循政策才能立于不败之地。现在，《民办教育促进法》仍然是我们民办教育制度的“纲”，真正的民办教育举办者心里要有定力，办学则要依据“新政”进行。

“新政”的主要目的：一是要逐步缩小民办教育规模，特别是民办义务教育学校的数量——不再审批新办学校、扩大学校规模。民办教育学生占比达30%—60%，这在全世界其他国家也是少见的，何况我们是社会主义国家。二是要坚决清退“公参民”学校——公就是公、民就是民，公办与民办学校的边界必须清晰。三是义务教育必须退出上市公司，上市公司的边界必须在义务教育以外的民办教育。这在一定意义上对正规的民办义务教育学校来说是有正面影响的：减少增量就减少竞争。

（2）尊重历史，面对现实。虽然20多年来有的民办教育“野蛮生长”，但总体上看，民办学校对百姓、对社会、对国家还是有贡献的，尤其那些懂教育、有初心，立志为留守孩子和广大百姓办真教育的民办义务教育学校，它们为孩子们提供了优质的教育，比如我们铅山的致远初中。这些学校的创办与发展对当地的义务教育发展起到了关键性的作用，国家和当地政府是看到的，也是充分肯定的。再说，任何新政的出台都要尊重历史、面对现实，不可能搞一刀切那种不利于教育发展、社会安定的事，这是大局，是中国当前和今后一个较长时期的客观实际。实际上近期教育新政频出，其中最重要的政策是规范和调整民办教育发展，严厉监管校外培训机构和高中阶段普职分流。对于民办义务教育是要严控其占比，从目前一些省份根据"新民促法"等国家新政策出台的落实文件来看，一般在省域内民办学校的比例平均控制在5%—10%，县域内则控制在15%—20%。采取的具体办法是严控新批新建、扩招扩建，控制优质学校规模，逐渐淘汰劣质学校。

（3）呼唤新制，公益为上。从社会需要来看，有识之士、多数学者对民办教育仍然是充分肯定的。如21世纪教育研究院理事长、国家教育咨询委员会委员杨东平教授指出，民办教育有问题，要整治，但不能从根本上否定，关键是要解决民办教育制度上的困境。他认为，要根本解决民办学校的制度困境，必须有面向未来的制度设计。应当在学习化社会框架下，逐渐淡化学校的所有制性质，公办学校、民办学校都应该在"非营利组织"框架中加以规范。杨东平还认为："国内的教育新政，首先必须依法行政、依法治教，保护私人财产，保护民办学校的合法权益。即便做出一些政策调整，也应该尊重历史，照顾现实，有的放矢。"

在笔者看来，要实行"良币驱除劣币"，促使民办教育再上路，就需要呼吁新的制度体系的出现。经过一段时间的整治、总结，也一定会逐步形成"民办教育新制度体系"——这就包括适时修改《民办教育促进法》、完善《民办教育促进法实施条例》等系列制度设计。

3. 对"新民促法"的理解

义务教育不允许获利，民办学校怎么看、怎么办？首先要弄清楚以下问题：什么是义务教育？怎样理解不允许获利？

（1）什么是义务教育？国家对义务教育是这样定义的：义务教育是国家统一运用公共资源保障所有适龄儿童接受的教育。义务教育有三个基本原则：强制、普遍与免费。其特点是：强制性、公益性、普及性。

（2）怎样理解义务教育的"公益性"？所谓义务教育的公益性就是明确规定"不收学费、杂费"，公益性和免费性是联系在一起的。这在公办义务教育好理解，公办义务教育学校的办学经费由国家和当地政府提供并保障。那么如何理解义务教育民办学校的公益性呢？目前这个方面的讨论不多，大多数只是在原则上泛泛而谈。笔者认为要理清民办义务教育学校的公益性问题，一是大方向不能变，即坚持义务教育公益性原则是我国教育事业社会主义性质的根本体现，这是坚持社会主义办学方向，坚持以人民为中心，发展教育事业的必然要求。这是一切义务教育，不管是公办学校还是民办学校都必须坚守的原则。二是就民办义务教育学校具体情况而言，公益性是相对于营利性而言的，所以2016年修订的《民办教育促进法》明确了民办教育非营利性和营利性的模式。但实际运行中，这两种性质的学校之间存在着"模糊空间"，新修订的《民办教育促进法实施条例》正是以问题为导向，在诸多方面"对症下药"，如新条例规定：任何社会组织和个人不得通过兼并收购、协议控制等方式控制实施义务教育的民办学校、实施学前教育的非营利性民办学校；义务教育民办学校、教育公司、教育集团严禁上市等。也就是说公益性关键体现在独立办校，投入的资金都应该用在学生、老师身上和教学质量、学校发展上。

（3）我们致远初中怎么看、怎么办？我们致远初中由懂教育、有初心的叶险雄同志独立投资、独立办校，而且经过20多年的辛勤努力，致远初中已经是一所规模适中的优质民办义务教育学校，完全符合"新政"坚持的"规范与扶持并举，严管与厚爱兼顾"的政策要求。"新民促法"明确规定"优先扶持办学质量高、特色明显、社会效应显著的民办学校"。下一步就是要"巩固质量、突出特色、细化管理、提升品质、五育并举、立德树人"。

三、进一步细化治理，努力办好自己的学校

我们预测，在民办义务教育"双减"——减少学校数量、减少在校生规模的形势下，从现在（2022年）起到2035年仍然是我们"提质固本、依法办学"的"窗口期"，最根本的是我们要把学校办得更好。

1. 守正创新，五育并举

当前国家义务教育阶段的目标是办公平而有质量的教育。在这个目标下，下一步在坚持"公办、民办"同等法律地位的前提下，民办义务教育学校生源将面临挑战：优质生源数量将不断减少。在这样的情况下，我们致远初中唯有坚持"守正创新，五育并举"才是正道。先说"守正创新"，所谓"守正创新"，包括守正与创新两个方面。守正是固本培元，坚守正道，即坚持按照教育的本质要求和教育的规律办事；创新是指革故鼎新、推陈出新，即主动地适应新形势新要求创造性实践，有目的地创造出新生事物。而守正创新即遵循事物发展的客观规律和本质要求，有目的、有意识地进行创新实践，从而产生出合目的性与合规律性的新型成果。这是教育哲学问题，也是破解新难题时必须思考的大问题。在民办义务教育从"黄金期"转入"白银期"，甚至"青铜期""铸铁期"时，既保有教育初心为百姓利益而办学，又

能守正创新，就能挺过艰难期！要牢记和把握党的教育方针，将五育并举落到实处。

一是要将党的教育方针外化于形，内化于行。外化于形，就是要将党的教育方针化为有形的，师生时时刻刻能看得见、记得住的东西。内化于行，就是要在教育、教学、管理、育人过程中以实际行动贯彻落实好党的教育方针。

二是要突出德育的首位意识。德是才之帅，才是人之基。有德无才不行，有才无德更不行。义务教育阶段是学生"三观"形成的基础时期，学校要特别重视学生的道德品质培育，为他们的整个人生奠基。

三是要抓实抓牢抓好智育这条生命线。智育是孩子们成才的基础，智育不牢，地动山摇。素质教育最基本的方面便是智育，这也是民办义务教育生存与发展的生命所在。

四是体育美育劳育哪方面都不能少。体育是强身之道，清华大学有"无体育，不清华"，"加强体育运动，为人民工作50年"的追求。致远要开足开好体育课。美育是审美教育的重要方面，是培养学生真、善、美的教育途径，致远要开好美术、音乐课，要请美学专家入校开讲座，让高雅文化进校园。劳育是培养孩子们懂得劳动光荣、劳动创造未来、劳动精神最可贵的教育，要与德育、智育、体育、美育相结合，寓劳动教育于日常生活、学习当中。

2. 依法依规，细化管理

致远初中是一所受法律保护，依规办学的民办义务教育学校，学校办学要立足地方、依靠政府、服务社会，作出贡献、良好发展，要在进一步细化管理上下功夫。

一是细化财务管理。首先明确会计、出纳的工作职责，要有完善的财务制度；其次建立财务档案，对创办以来每个阶段、每年的投入、收支进行盘点，建立常态化的会计账目；再次要建立成本核算制，做到账目清晰，管理科学，体现义务教育的公益性原则。今后收费的多少将逐步过渡到根据成本核算确定收费额度。

二是细化学生和校园管理。建立和完善学生家庭背景档案、学生心理健康情况档案、学生学习成绩档案、学生总体素质情况档案、学校综合治理档案、平安校园建设档案、学校基本建设档案、教师人事档案等。

三是细化管理的管理。民办学校最怕制度缺失，管理随意随性。致远初中通过20多年的发展已经有了一套较为科学完善的管理制度体系。但还是要在管理的管理上进一步细化，即制度有集成、落实有痕迹、会议有记录、事类有归档、大事有影像、好事有宣传等。因为今后政府和主管部门会对民办学校加强办学过程的监督、检查，而这都需要材料准备的。

3. 加强党建，提升文化

东西南北中，党政军民学，党是领导一切的。中共中央办公厅已下发《关于加强民办学校党的建设工作的意见（试行）》，其中规定："推进党组织班子成员进入学校决策层和管理层。"民办高校已先走一步，民办义务教育更是党和政府重视的对象，我们要思考并进一步完善学校的党组织建设。"新民促法"专门增加了一条关于加强党建工作的条款，明确"民办学校应当坚持中国共产党的领导，坚持社会主义办学方向，坚持教育公益性，对受教育者加强社会主义核心价值观教育，落实立德树人根本任务"。"新民促法"等政策强化党组织在学校大法即学校章程中的地位。根据这些新政的规定与要求，我们认为民办中小学，甚至学前教育学校没有建立党的组织的必须尽快建立。党组织的主要负责人，一方面由学校聘任有经验的党务工作者、报当地组织部门或教体局党组备案；另一方面学习高校的做法，由组织部门、教育主管部门派人担任。而我们致远初中一直以来都十分重视党的建设，有上级党组织备案的党的组织机构，董事长、校长等学校管理骨干都是中国共产党员，党的建设工作多次受到上级党委、有关部门的表扬，下一步我们更要以党建工作为引领，统率好学校各项工作。

文化是一所学校的精神所在，致远初中经过多年的办学，已经形成了"立德树人，弘毅致远"为核心的致远文化。下一步要进行"集成提升"，在社会主义教育文化、传统优秀文化、校园文化等文化建设上下功夫、见成效。

4. 软硬兼治，以优立校

未来的义务教育民办学校不在于大而在于精、在于优。致远初中经过多年的投入，特别是2021年投入了2 100多万元改造校内环境，更新、增添仪器设备，硬件上不断优化；举办者的亲和力、洞察力、思想力，特别是较为完善的制度体系和较强的治理能力、师资力量等软件则保证了学校持续优质发展。面对民办教育新政迭出，未来要确保硬件更好、软件更优，尤其要重视如下几点。

一是要进一步完善治理架构。"新民促法"第26条规定："民办学校的理事会、董事会或者其他形式决策机构应当由举办者或者其代表、校长、党组织负责人、教职工代表等共同组成。"这是学校组织架构的法规依据。

二是要进一步完善学校的办学章程。章程是学校的大法，要根据"新民促法"、中央办公厅《关于加强民办学校党的建设工作的意见（试行）》等外部制度体系，进一步完善学校章程。

三是要根据"新民促法"等系列新政优化办学定位；进一步优化教师队伍，完善职称体系、工资福利保障体系。

第六章
创校校长叶险雄"致致远同学书"

"烈火淬新蓝，家书抵万金。"致远初中创校校长，党支部书记、董事长叶险雄怀抱深深的教育情怀致书他的学生，谈了他创办致远初中的初心，谈了致远初中能给同学带来的不单是知识、文化，更是要给同学们带来思想品德的养成、美好情感的追求、仰望天空的理想和脚踏实地的实干，希望同学们不管在学校里，还是将来走向更广阔的天地，都要将读书作为人生的"唯一"。这是一封校长致学生的"家书"，读来令人感动，饱含期盼。

我是致远初中的创校校长叶险雄，一直以来就想给我亲爱的同学们写一封信，聊聊我们为什么办这所学校，同学们在学校里都学到了什么，你们的人生路怎样才能走得更好……千言万语，都想跟你们说说。但作为你们的创始校长，作为我们这个"家"的长者，又往往话多不知言，直到今天，我们的《致远初中学校文化概览》即将交复旦大学出版社出版了，这封"家书"终要寄出！

一、我的教育情怀和教育初心

1984年9月，我从一所师范院校英语专业毕业后，来到山川秀美、人文昌盛的铅山县工作，在铅山县第一中学当外语教师。我潜心教学、热爱学生，短短几年就成长为教学名师，先后做过县中英语教研组组长、教务处主任，县二中副校长。

在当老师的过程中，特别是当了学校领导之后，我接触到许许多多家长，他们是多么希望自己的孩子能够接受好的教育；尤其当我看到那些留守孩子，父母为了生活外出打工，他们缺乏父母的陪伴，渴望有自己安心学习的心灵场所，我的心被孩子们的渴望撞击着、唤醒着——我和许多同学一样，出生在农村，家境清贫，父母以他们的辛劳养育着多个孩子。那时候，我觉得能读书就是人生最大的幸福。在计划经济时代里，社会固化、没有人员流动，学校是孩子的向往，老师是孩子最神圣的偶像。一路走来，是教育改变了我的命运，成就了我的人生。自己成为一名优秀教师后，除了当好一名老师，还能给孩子、给社会带来点什么？孩子们的眼睛、孩子们的渴望，像天使般召唤着我——我怦然心动，决心去创办一所能给孩子们好的教育的寄宿制民办学校。

机缘巧合，我的老同事、教学名师刘谷来先生也正有此志。于是，在改革开放的潮流中，在铅山县各界的关心支持下，1999年9月，经上饶市教育局批准，我们成功创办"致远中学"；2001年，为方便管理，致远中学分设初中部和高中部，各自独立办学。这就是我们学校的"诞生记"。

20多年来，在全体教职员工和一届届同学们的共同努力下，在社会各界的见证下，致远初中已经成长为铅山人民心目中的好学校。是孩子们心灵的渴望成就了我的这一份教育情怀，书写出了我的教育初心，办好致远初中是我永远的"心结"，我渴望着学校越办越好！

二、致远初中能给同学们带来什么

初中是孩子们从"小"向"大"的初级阶段，是你们进入青春期的开始，对每个孩子来说都至关重要。这个时期，是你们既长知识，更长身体，既磨炼意志，更丰富思想的人生关键期。初中学校的好坏，在一定意义上决定着孩子们的人生。好的初中学校，要给孩子的，不单是知识，更在于思想；不单是身心的成长，更在于人生的方向；不单是学业成绩，更在于对真善美的追求！所以我一直在思考、一直在探寻、一直在努力、一直在追问：致远初中能给同学们带来什么？

我想，致远初中要给孩子们带来知识、带来学业上的收成。我有一个朴素的办学思想，就是致远初中要尽最大可能提高学生的学业成绩。这不是"以成绩论英雄"，这是致远初中的教育使命！社会是有分工的，农民种地就是要追求优质高产，工人劳动就是要提高产品质量。学校的使命就是要教育孩子爱读书、读好书——学好知识、做好功课、优化学业、增长本领，为孩子们的未来奠定基础。为此，我们不断努力：引进、留住、培养优秀教师；接受社会监督，向优秀名校看齐；开放办学，吸收新思想、新理念、新方法，提升教育质量。过去20多年我们做到了，我们学校初升高中考成绩连续10年全县第一！但成绩属于过去，办好学校永无止境。

我还想，孩子们在致远初中能够"德智体美劳"全面发展，努力做新时代的好青年。德是才之魂，才是德之基，有才无德是歪才，有德无才是劣才；体是服务社会、贡献祖国的保障；美是认识世界、辨别是非的武器；劳是创造世界、发展自我的品格。所以，我们致远初中重视学生全面教育，坚持"德智体美劳"一课不能少；所以，我们致远初中学校的校训是"立德树人，弘毅致远"；我们的校歌高扬阳光文化，唱响少年心声；我们校标充满理想追求，放飞着少年雄心。

我更想，致远初中能带给同学们品格的养成、人生的志向、思想的启航。一个人的成长、成才、成功，原因固然是多方面的，但品格、志向、思想尤为重要。大千世界，天才不是没有，只是少而又少，大部分人都是普通人。那么为什么在普通人中又有不同的人生造化？一个重要的原因在于人的品格养成。一个人的才情往往是先天决定的，知识却是可以后天学习的，剩下的关键是人的品格。品格需要长期养成，初中阶段是品格养成的关键时期。我们致远初中一直以来都十分重视品格教育，着力从学生的良好习惯开始，引导学生学会生活技能、讲究卫生习惯、感知社会现实，重视与父母、家人、同学、老师、亲友的感情联系，启迪孩子们的人生智慧，由此达到人人都有好品格，以立足于社会和未来发展。

人是有思想、有情感、有追求的高级生命体。古语说得好，有志者事竟成，也就是说一个人只有有了理想志向方能成就事业、成就人生。志向者，就是关于你的未来，要做什么事、要做什么样的人的意愿、追求、决心和毅力。我的大学母校是一所普普通通的二本院校，但母校教学主楼上立的一块永久性标语却让我铭记在心，这条语录是这么说的："别人和我比名校，我和别人比明天。""明天"就是志向、目标、未来。

人的思想既充满哲学思辨，又是一个很现实的问题。从哲学的维度上说，所谓思想就是客观存在反映到人的意识中，经过思维活动而产生的结果；从现实的维度来说，思想是随时随地伴随着人的生命而存在的，比如想法、念头、思量等都是思想的具体呈现。同学们也许会问、会想，人的思想是从哪里来的？当然既不是从天上掉下来的，也不是从地里冒出来的，而是从书本中、学习中、生活中、工作中、实践中产生的。初中时期是孩子们思想启航的重要时期，因此，我希望我们致远初中不管是教育教学，还是管理服务，不管是校园文化，还是生活指导都能给同学们带来思想的启迪、思维的活跃，让同学们既能仰望天空——有远大理想，又能脚踏实地——抓好每天的学习，在这里不断丰富自己的知识、文化、生活、思想，为未来强大的人生做好充分的启航准备。

这里，我还有一段话要和同学们说——

三、读书应该成为人生的"唯一"，但成就事业可以各有不同

读书能够增进知识、开阔视野、增加智慧、增强才干、丰富思想。历史上有许多读书改变命运、成就人生的经典故事。铅

山自古以来就是人文昌盛、人才辈出的斯文之地。明朝宰相费宏自幼认真读书，十三岁府试中"文元"，十四岁省试中"解元"，二十三岁进士试中"状元"，而且是头名的。三次入阁，终成"首辅"，传为佳话。虽然这样的人才，是"才、学、识"三者齐聚一身的全才，但成就费宏的是他好读书、读好了书——知识之书、社会之书、人生之书。有人说，"才"是天然的，后天不易改变；而"学"是可以通过后天努力获得的，学的主要途径就是读书；"识"是气度、胆识、阅历，是在读书中、社会磨炼中修养而成的。所以说读书对每一个人来说，对人的一生来说都极其重要。

近读《中国教育报》的一篇关于《孩子，你为什么要多读书》的美文，是特级老师郑英女士给孩子们的"关于读书问题的回答"，我把她的一些观点与同学们分享。她说，读书，让你知道"光"在哪里。历史之所以能够川流不息，因为有了书籍；文明为什么能够不断传递，因为有了一代一代读书之人。对于今人来说，读书是在内心深处播下"知"的需求和"识"的种子，当种子发芽后就成了知识。要知道，"知识，哪怕是知识的幻影，也会成为你的铠甲，保护你不被愚昧反噬"。更重要的是，读书可以培育我们的思考力，帮助我们透过现象看本质，理清事情的因果关系，产生自己的独立见解，形成较为系统的世界观。人生路上，总有迷茫的时候，如果拥有知识和思考力，就不会被眼前的障碍所惑，也不会惧怕眼前的黑暗，而能笃定前行。

读书，可以知来处，让你知道"光"在哪里。读书，可以提升你的精神颜值。朱永新老师说："一个人的精神发育史，就是他的阅读史。"因为精神成长的密码，藏在每一本好书里。随着一个人的不断阅读，书中的养料就会沉淀下来，透入身心，潜移默化成为一种气质、一种精神原动力。读书，可以明去处，从而提升你的精神颜值。

读书，能让你看到一个更辽阔的世界。书读得多了，便会发现目力之外，还有一个更光鲜明亮的远方。有人说，旅行是阅读大地之书，读书是饱览案头之风景，当你打开了书本，便是打开了一个崭新的世界。一个人走过的路和读过的书，本质上是一样的，只有经历了才会成为你的阅历，最终形成你的格局。读书，可以见天地、看世界，开阔你的整个人生。

同学们，纸短情长，千言不尽。我希望同学们记住这样一句话：将读书作为每个人一生的追求，而成就事业可以各有不同。谢谢大家！

第七章
校训、校歌、校标

　　校训是一所学校的人文积淀，展现的是一所学校的气质、气度。致远初中的校训是"立德树人，弘毅致远"。如果说校训是学校的文化灵魂，校歌则是一所学校的精神图腾。致远初中的校歌歌词是：信水河畔，武夷山旁。阳光少年，书声琅琅。致远致远，青苗茁壮。信水河畔，武夷山旁。立德树人，弘毅刚强。致远致远，放飞理想。信水河畔，武夷山旁。五育并举，全面发展。致远致远，桃李芬芳。校标则是学校的标志和象征，体现了一所学校的办学特色，代表着这所学校的办学形象。2021年致远初中在文化提升工程中设计了自己的校标。

一、致远初中的校训

校训是一所学校的人文积淀，展现的是一所学校的气质、气度。致远初中的校训是：立德树人，弘毅致远。

"立德树人"是教育的根本任务，是党的教育方针的核心要求。"立德树人"要求致远人必须坚持德育为先，着眼于学生全面发展，培养学生健全人格。因为"德为才之帅"，只有立好德才能树好人。致远初中一直是这么做的，今后会做得更好！

"弘毅致远"的"弘毅"典出《论语·泰伯》："士不可以不弘毅，任重而道远。"意为：读书人就是要有远大的抱负、坚强的意志，去担负起时代的责任。"弘"意为广大，"毅"是刚毅、坚强。这正是致远创办者的理想和追求、意志与决心；更是致远初中向师生发出的号召，体现了致远人的文化气质，是致远初中学校文化的精神内核。

八字校训体现的是致远初中办学者的教育初心、育人情怀、理想追求、坚强品格、博大向往。

二、致远初中的校歌

如果说校训是一所学校的文化灵魂，那么校歌则是一所学校的精神图腾，对培养学生的人生追求、集体荣誉感、文化归属感能够起到不可替代的作用。一所好的学校必须有一首好的校歌，一首好的校歌，能够竖起一面承载全校师生共同理想的旗帜。致远初中校歌的歌词（谱成曲时歌词有所删改）是：

信水河畔，武夷山旁。阳光少年，书声琅琅。致远致远，青苗茁壮。

信水河畔，武夷山旁。立德树人，弘毅刚强。致远致远，放飞理想。

信水河畔，武夷山旁。五育并举，全面发展。致远致远，桃李芬芳。

啊，
致远初中，
我们为你骄傲。
你是知识的海洋，
你是我们成长的摇篮。

阳光下国旗招展，
庄严的国歌在我们心头唱响。
我们努力学习加强德性修养，
我们在这里健康生活幸福成长。

啊，
致远初中，
我们为你自豪。
你是知识的海洋，
你是我们成长的摇篮。

歌词第一段的头两句"信水河畔，武夷山旁"是致远初中的地理坐标——致远初中坐落在著名的河口古镇，紧挨上饶的母亲河信江；铅山又地处世界"双遗产"名山武夷山北麓。学校依山傍水，乃育人之胜地。歌词第一段的三、四句"阳光少年，书声琅琅"，前呼后应、相互关照——初中学生阳光活泼、健康向上，充满着希望，琅琅书声代表孩子们正吮吸着知识文化营养。歌词第一段的第五句"致远致远"重复强调，既是校名又是学校的追求。第六句"青苗茁壮"则意为心致行远，青春的苗儿在这里茁壮成长。

歌词第二段和第三段前两句都是"信水河畔，武夷山旁"，这是对学校地理坐标的强调，也是希望致远师生不忘母校、不忘家乡，走得再远，根在信江、根在铅山。第二段的三、四句是"立德树人，弘毅刚强"，这是学校的育人目标、文化核心。第二段的五、六句是"致远致远，放飞理想"，重复吟唱，表达致远初中是每个少年理想追求的起锚地，少年们在这里接受人生的洗礼，将飞得更远。

歌词第三段的三、四句是"五育并举，全面发展"，既是党的教育方针的要求，也是致远初中办学的举措和目标。第三段的五、六句"致远致远，桃李芬芳"描述的是学校只有行稳才能致远，只有致远才能桃李满天下，芳香致久远。

致远初中校歌歌词创作者赖明谷教授长期从事地方师范学院教育管理、教学和研究工作，担任南昌大学教育学硕士研究生导师、江西省教育学会班主任专业委员会理事长；曾任上饶师范学院副校长，江西省教育专家库专家，江西省中青年学科带头人，江西省社联社会科学评审专家，江西省、湖南省、安徽省科技厅科技评审专家（管理学方面）；先后出版学术专著6部，在中文核心期刊等学术刊物上发表论文60篇，主持完成省级课题10余项。曲作者汪晓万教授，为上饶师范学院音舞学院党总支书记，毕业于中国音乐学院，是中国音乐家协会会员，创作《又见雪花》等多首歌曲，发表论文近20篇。

三、致远初中的校标（logo）

校标是学校的标志和象征，体现的是一所学校的办学特色，往往代表着这所学校的办学形象。2021年致远初中在进行校园文化提升工程、校园环境改造时启动了学校标识设计工作。上饶师范学院美术与设计学院的王飞凯老师承担了致远初中校园改造和学校标识设计两项工作，经过深入调研，王飞凯老师设计了

图7-1　致远初中的校标

多个方案，经过叶险雄董事长及其管理团队的评选，确定了致远初中的标识。

致远初中校标（见图7-1）的整体图案由内外四个层次的圆组成，标志着致远初中师生团结、上下齐心，事圆则顺，事业圆满，如同太阳，将阳光洒满校园。最外圈的圆显示着致远初中从小到大，不断发展，师生满意，社会满意。向内的第二个圆，彰显的是致远初中健康向上、蒸蒸日上，圆的上半圈是中文的"铅山县私立致远初中"校名，醒目了然，吸引着人们；圆的下半圈是英文的校名，标志着致远初中立足中国大地、本土文化，办好教育，同时具有国际眼光，开放办学。向内的第三个圆如绿色的大地、初升的朝阳、米黄的跑道，象征着致远初中脚踏实地、努力向前，五育并举，弘毅致远。最内的圆圈内有一只飞翔的大雁，展翅高飞，标志着致远初中人远大的理想、美好的明天。

致远初中的校标饱含深意，充满着致远初中的理想追求，象征着致远初中的教育初心，镌刻的是致远初中办人民满意教育的情怀。

第八章
教学之法

　　再好的教育理念，缺少了实践的检验就是"清谈"！致远初中的管理团队，尤其是叶险雄董事长和徐晓明校长等管理高层，既能够把先进的教育理念转化为教育实践，又能够通过教育实践和对外学习交流不断优化、提升、检验教育实践的效果，形成具有致远初中自身特色的教育叙事。

再好的教育理念，缺少了实践的检验就是"清谈"！致远初中的管理团队，尤其是叶险雄董事长和徐晓明校长等学校治理高层，把先进的教育理念化为教育实践，并通过教育实践和对外学习交流不断优化提升教育理念，形成具有致远初中自身特色的教育叙事。

雅斯贝尔斯说："教育是一棵树摇动另一棵树，一朵云推动另一朵云，一个心灵唤醒另一个心灵的事业。"作为懂教育、有初心的叶险雄等致远初中人深知课堂教学的主体是学生，教师只能起引导作用。因此要把课堂还给学生，把思维和创新的过程还给学生；培养学生的自主学习能力和运用知识进行再实践、创新的能力。

他们在长期的教育教学实践中，在学习和消化过程中形成了一整套有效的教学法——其中最成功的是"一、四、六"教学法和"四清"操作法。

致远初中"一、四、六"教学法基本模式分为："一"是指备好一节课，"四"是指学生自学、自学检测、教师的总结点拨、训练巩固四大环节，"六"是指热课（课前准备、板书课题）、定标、自学、检测、总结及练、评等六个小环节。

一、"一、四、六"教学法

（一）备好一节课

"一"是指备好一节课。备好课是上好课的前提和保证，所以同一备课组的老师，每周必须集中半天时间进行集体备课。在这之前，备课组长必须把后一周的备课任务进行分解，落实至备课组每位老师；每位老师根据任务，先独自备课，最后会有半天的集体备课时间，进行讨论、修改、定稿，完成一周的备课任务（集体备课不仅要备新课，还要备作业）。

（二）把握四个环节

"四"是指学生自学、自学检测、教师的总结点拨和训练巩固四个环节。

其特点为：（1）还课堂于学生，培养自学能力；

（2）合作探究，以学定教；

（3）启发点拨，训练巩固。

（三）六个具体操作环节

"六"是指六个具体环节，六个小环节中的前两个是辅助环节，占时不超两分钟；后面的独立自学、检测、教师的总结点拨环节用时为30分钟左右；巩固训练用时为13分钟左右（不能低于12分钟）。见示意图8-1，并详述如下：

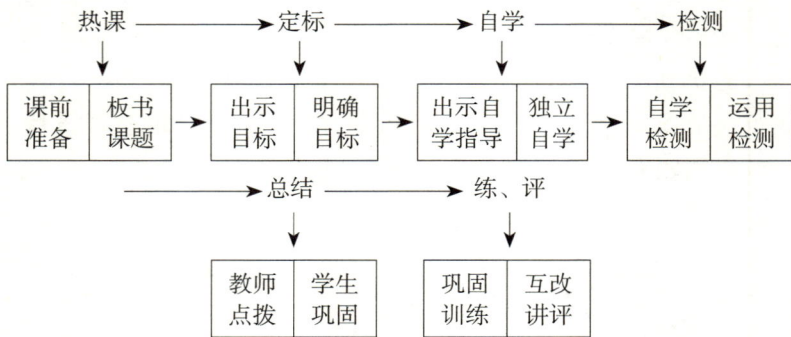

图8-1　致远初中"一、四、六"教学模式示意图

1. 热课

热课是指完成课前的准备工作，快速进入学习的状态。

学生：（1）准备好课堂学习的书、本、笔及其他用具，放在课桌上，桌上的其他东西清掉放好；

（2）读或背上节课或本节课学习的基础知识，声音要洪亮，要进入学习的状态。

教师：（1）点到（环视教室、有异常和班长交流）；

（2）看光线亮度及感受室温高低（可调整）；

（3）板书课题（方式：直接板书课题，除PPT外，必须在黑板上板书，作用：提示本节课的学习内容，并始终保留，也可配合本节课的导入语，时间：可课前写好，也可上课开始前配合导入语写好，要求：板书工整、不潦草）；

（4）进入授课状态。

2. 定标

即明确定位学习目标。新课开始，就需要展示学习目标，目的是让学生明确本节课的学习任务，激发学生的学习兴趣，激活学生的学习热情，从而使学生能积极主动地参与到学习的活动中来，围绕目标进行合作、探究的学习。

展示目标的方式：PPT投影展示。

展示目标的要求：学习目标的设置要合理，学习的广度和深度要符合新课标的内容以及要求，既不能降低，也不能拔高。目标的内容要明确，不可模棱两可、含糊不清。

展示目标的内容：新课以基础知识的理解和能力的培养为主。涉及情感和价值观方面的内容，应由教师在授课过程中，结合教材进行挖掘，灵活运用。内容设置要体量合理（不宜太多）、具体、简明扼要。重在点拨，引导学生感悟。

定标分为展示学习目标及学生明确所定的学习目标两个阶段，要给学生看目标的时间（可进行调整）。

学生看目标时，教师不做与此无关的事，不说无关的话；要对学生的明确程度进行学情调查，可说："明确目标的请举手！"
或说："对目标有疑问的请举手！"

3. 自学

分为展示自学指导和学生独立自学两个阶段。学习目标展示
后，教师开始指导学生自学，自学指导的内容要以PPT的形式在
屏幕上演示，自学指导的内容要具体、容易理解。一般包含如下
内容：自学内容、自学方法、自学时间、自学要求。

（1）自学内容：新知识及新、老知识的衔接点要重点学；
基本的公式、定理要基本能记背；理解题的解题方法能理解；
语文字词读音及意义、英语的单词及词汇能记下；文章基本能理
解；生、地、历、政等小科目的基础性知识能理解、背记。

自学内容可一次性学完，也可分几次，这点应视学科内容的
多少而定。

（2）自学方法：自学方法应根据达成最好的学习目标而定。
可先看书，边看书边实践，边看书边小组讨论，边看书边背记。
一般来讲，以学生独立看书、完成自学任务为主。

（3）自学时间：时间的长短应根据自学的内容来设定，并
可灵活掌握。时间太长，自学时间的节奏不快，学生的紧张度不
高，易拖拉；时间短了，学生看书囫囵吞枣，一目十行。所以教
师要根据学生的自学情况（要做学情调查）灵活调整。学生自学
时，老师要站在讲台上，不做与自学无关的事，关注学生的自学
状况（可适当进行巡视，调查了解学生的自学效果）。

出示自学指导的要求包括以下流程：① 多媒体显示自学指
导；② 学生看自学指导（教师不读）；③ 调查："明白（明确）
自学指导的举手"；④ 全体举手后，教师示意开始自学；⑤ 学
生自学时，"自学指导"显示不变。

自学开始后，教师应做到如下几点：① 教师不做其他工作，

站立讲台，关注学生自学状态；② 后阶段，教师适当巡视，提醒开小差的学生（声音要小）或收集自学情况；③ 学生自学时不讨论，保持安静，竖隔板；④ 自学时间视情况，可适当调整；⑤ 看书过程中，学生对基础知识、疑问之处要标出、理解记忆。

自学是学生根据教师出示的自学指导，进行相对独立的学习，学生自学时，要带着自学指导的思考题，在规定的时间内完成自学内容，并尽力达到理想的检测效果。（理科自学检测的例题的题型可与书中相同，但数字不能相同。）

自学时间到，教师问："自学完成的请举手"，或学生完成自学举左手示意，此"举手"要养成习惯。如都完成，则进入下一环节；如未完成，可酌情加时，并提醒学生加速完成。

4. 检测

检测分为自学检测和运用知识解决问题的检测。自学检测追求的检测面要广，检测的效果要真实，所以形式要以书面练习为主。口头提问则不应让众人回答，应让学生举手抢答为主，教师再挑学习成绩最差的学生回答，如学生不能回答，教师让会的人补充回答，如此推之，直到弄明白为止。

如果需要板演检测，教师也应挑选后进生进行，其他学生可关注并思考更正，也可自己独立完成板演的内容。

但有的学科自学（看书）和检测可同时进行。如语文的朗读环节，学生读书时，其他同学就可更正、讨论。

这个环节特别注意以下几点。

（1）需要板演的环节，教师要明白，未板演的其他同学干什么？其他同学一是和板演的同学一起独立做题思考；二是指出板演同学的错误并且更正。板演完成后，教师问："发现错误的同学请举手"，让后进生回答并更正，此过程中教师要有耐心，不轻易表态。

（2）教师需要关注学生的知识掌握情况。"兵教兵"中，学生仍不能解决的问题教师要讲解；需要拓展延伸的知识教师要讲解；需要归纳总结的部分教师要讲解；并注意如下细节：① 提醒学生端正坐姿，撤放隔板，注意力集中。② 提问回答：教师站立讲台，提出问题，并问："能回答的请举手。"③ 学生回答时，一定要注意其他学生的"听"的注意力并要求："认为回答有问题的可举手。"然后进入纠错、小组讨论、更正的环节。这样课堂学习的气氛便浓了，学生学习的干劲充足了。④ 如果是基础知识的口头回答，要求学生脱书回答，否则，自学的效果就大打折扣。⑤ 教师在学生回答问题时，千万不能启发、抢答或过早公布答案，否则无法检测学生的自学效果。其他同学注意听和思考，有问题可举手发言。⑥ 如果是笔试完成检测，一定要尽可能互改，然后进行学情调查。对存在的问题套用"三讲""三不讲"。⑦ 可口头回答，也可用笔作答的，原则上采用笔答。因为记住并不一定会写，笔答的学情更全面。⑧ 学生口答时，用语一定要规范（"我认为……"的格式），声音要洪亮（给人自信的感觉）。⑨ 为了杜绝不举手、假举手（不学习、假学习），老师可问"会的请举手"和"不会的请站起来"，教师也可直接点名。

运用知识环节的检测训练的目的是让学生通过训练达到能熟练地运用课堂所学的知识，去解决问题并巩固所学的知识：① 巩固训练是在学生完成独立自学和师生之间的互学互教的基础上进行的。是以高效完成课堂作业的形式出现的。其目的有二：一是检测本节课的学习效果（指是否完成了课堂的学习目标），做好堂清；二是巩固并熟练运用知识，指学生是否能运用知识，熟练地解决实际问题的能力，并拓展延伸培养学生的思维能力和创新能力。② 巩固训练的练习要比书中的例子难度稍高些；并可适当分层，有利于不同层次的学生选择（可分为全班必做题和提高选择题）。③ 巩固训练时间不少于12分钟。

（3）注意要领：① 训练内容要有代表性、难度适度、呈现梯度。② 练和讲可在课堂内完成，也可课内完成练，然后交教师改，再用晚自习或其他时间讲。③ 完成快的学生，教师可提前批阅，学生可完成其他作业。④ 一定要让学生说解题思路，不是只看解题结果。⑤ 遇上问题，要用好小组讨论，"兵教兵"。通过争议讨论，达到解决问题的效果。（讨论时，学生都要站立。）⑥ 这部分的检测题要有代表性，有梯度；要能展示学生运用知识解题的能力。（题目需备课组老师统一定稿。）

5. 总结

老师要明白：谁教谁？教什么？怎么教？小组讨论、纠错、更正（"兵教兵"），会的学生教不会的学生。教的过程中，主要通过讨论，教会不懂的学生。讨论时，学生要站立，懂了的可坐下。教师对情况一目了然。教的内容是自学时不懂的，检测时不会做的。

教师在这一环节起什么作用呢？第一是打假，对"兵教兵"环节被教会的学生进行检验，抽最差的学生进行提问。第二是知识的点拨归类。第三可适当拓展延伸（含德育点）。

这一环节教师要关注处理的点包括：

（1）教师对本节课的知识点进行小结、归类（学生做好笔记并给出时间记忆）。

（2）结合知识点，适当拓展延伸。

（3）教师讲解时要重点讲：① 重难点；② 易错点；③ 易混点；④ 易漏点。

（4）教师要结合知识点，注重培养学生的思维能力，理清理解和解决问题的思路。

（5）结合知识点，挖掘德育点。

6. 训练、评价

（1）练评时间要确保12分钟以上。

（2）练习内容要有代表性、典型性，有梯度和适中的难度。

（3）学生做作业时，不讨论、不翻书，像考试那样独立完成。

（4）学生要用隔板与邻座隔开，独立完成。

（5）要确保90％以上的同学能完成，并要求格式、步骤规范，书写整洁。

（6）教师要关注学生坐姿和作业状态，不做其他事，可适当巡视，但不做作业指导，充分展现学生的学习效果。

（7）先完成的，教师可先批改，学生完成后，可做其他作业。

（8）练习完成后，互改（避免做假）（教师公布答案）。

（9）同桌互改，写上书写等级及分数。

（10）小组讨论，"兵教兵"，互相纠错，分析。

（11）教师学情调查："做对的举手"或"做错的请站立"等，并结合实情，进行打假。

（12）错误少时，"兵教兵"，同学之间互相请教；错误较多时，进行小组讨论，同学之间互相纠错、更正；小组讨论仍不能解决的问题，教师讲。

（13）教师总结和归纳新课知识点，并可让学生记忆。

以上六个小环节是相互联系，相辅相成的，是构成课堂教学的基本程序，教师运用时要注意两个基本原则：一是全程以学生自学为主，教师的教仅是对学生自学行为的启发、点拨；二是课堂是否高效（学生学习的参与度和专注度是否高，学生是否在最短的学习时间里完成学习目标）。但因学生的年级不同，学科不同，教师要灵活运用，不可僵化。

二、"四清"操作法及其管理

（一）"四清"法的操作

1. 新授课"堂堂清"的内容及要求

（1）"点点清"（即每个知识点基础清）。

① 语文：字、词、诗，要求背诵的句段能背诵、默写。

② 数理化：课本中定义、定理等会背诵，公式会默写，例题会复述。

③ 英语：单词、短语、重要句子、课文能听会写，可以英汉互译。

④ 政史地生：需要背诵的内容，当堂记、背。

语、英的背诵、默写也可放到次日早读课进行。

（2）"题题清"。自学检测题、当堂训练题每道题都会做。

（3）"步步清"。做自学检测题、当堂训练题时，要求解题步骤规范、书写工整。

（4）"环环清"。上一个环节清了以后（经过学情调查确认）才能进入下一个环节。

"堂堂清"要以"人人清"为目标，实际操作时确保80%以上的学生在课堂内完成（如达不到80%以上，问题一定出在老师身上，不能责怪学生），少数未能完成"堂堂清"要求的学生要利用课外时间实现"当日清"。

2. "日日清"的内容及要求

"日日清"包括两个含义，其内容及要求如下。

（1）"堂堂清"未完成的，必须要在晚自习前利用零星的时间清完。

（2）新授课当天，安排的作业课（辅导课或自习课），布置课本中的较难题、《四清导航》、《作业本》中的相应题、试卷等作业题，分必做题、选做题、培优题，难度依次提高，其中必做题作为"日日人人清"内容，要求像考试一样限时、独立完成，最好当堂互改、讲评，做到讲评后80%以上学生能达到满分，未达满分的必须在当晚睡觉前清完。

"日日清"注意事项如下。

（1）与"堂堂清"不同，"日日清"的训练题目难度要比"堂堂清"大一些，做完了必做题的，要鼓励其做选做题、培优题，分层推进，不断提高学生的解题能力，最终让每一个学生达到最近发展区的上限。

（2）所有布置给学生的作业（传统教学所说的课外作业、课后作业、家庭作业）都只能利用作业课（辅导课、自习课）课内完成。也就是说，所有作业必须课内完成（包括正课、作业课），绝不再有课外作业，只有未清的学生利用课外时间补清。切记：千万不要再用"现在时间不够了，没有做完的同学下课以后自己找时间做完，明天上午交或检查"的传统方法。

（3）教师必须认真备好每节作业课（内容、难度、题量、完成所需的时间、如何评改等），使作业课富有实效。如果某份试卷题量多，无法做到课内做完、评改，就应该将它分成几节课解决或干脆删去一些题目。

（4）课后补清尽量用"兵教兵"的办法，确实不行，再由老师清。

（5）周清表的填写：教师把每天要清的内容（即"堂堂清""日日清"的内容）填在周周清表上，凡自查过关的学生自己在表上自查栏内画"√"号，然后再相互查、背，互查过关的在表上互查栏内画"○"号。教师要时刻关注这张过关表的进度，对进度慢的学生及时督促、批评，直到全部学生都自查、互查过关，教师再开始复查。复查只需查成绩最后20%的学生即可，若他们过关了，说明全班同学都过关了，复查后在班级的周周清表上给所有学生画"△"号，再到年级处填好验收表。如果当天只有正课，没有作业课，"日日清"可以延至第二天完成。

（6）对作业中得分低于80%的题目，必须归档并进行针对性训练（或即时针对性训练，或阶段针对性训练，或总复习针对性训练）。

3."周周清"的内容及要求

当周"堂堂清""日日清"的内容，必要时还包括前一周甚至几周的内容（例如英语单词等），要求将"堂清""日清"的内容再巩固一遍，强化记忆。

（1）步骤：采用以下5个步骤，可以有效防止流于形式，走过场。

第一步，学生自查。任课教师明确本周周清的范围和要求，学生按教师要求对照课本、作业本先进行认真自查。

第二步，同桌互查。学生自查过关后，接着进行同桌互查（相互背、复述、讲解）。

第三步，小组对查。由学习小组组长负责，让本组的好学生查另一个小组的同学，标准是人人满分，一一过关。

第四步，教师复查。教师面向全体查，对优秀生随机抽查，重点查中差生。

第五步，备课组长抽查并上报年级，教务处随机抽查。

如果教师确认同桌互查不会出现互相包庇隐瞒或不肯报告实情，则可省略第三步的小组对查。

（2）时间：周日上午，具体由年级安排。有时也可以安排书面考试。

4."月月清"的内容及要求

月考前，教师组织学生把"堂清""日清""周清"内容重过一遍（不是面面俱到的复习），以防遗忘。

月考后，及时补救，对不同层次的学生采用不同的方法，使所有的学生达到最近发展区的上限。

（1）第一层次：年级前80名（因每次月考成绩可能会变化，80名不等于80人）。

方法：月考试卷面批面谈及与第二层面学生一同参加"月清"考试（针对性训练）。

面批面谈步骤分为四步：

第一步：学生对照试卷（不是答题卡）自查：① 哪些题做错？② 哪些错题分可以得到？③ 哪些错题分得不到？④ 把可以得到的分加上去，最后得分是多少就是下次月考目标。

第二步：帮助学生找错误原因。通过分析学生讲错题的解题思路，分析错误原因是知识性缺陷、心理缺陷还是思维隐性偏差。

第三步：布置针对性训练并做好记录。知识性缺陷错题可找相似题要求学生重做（即补一刀进行强化训练）达到纠错的目的；对于思维隐性偏差错题和心理缺陷错题，教师要纠正。

第四步：对针对性训练题的布置要跟踪检查。

（2）第二层次：中档生。

形式：书面考试，题量控制在30分钟内可完成。

内容：采用针对性训练或变式训练，可含有难题，但客观选择题不可用原题。

组织：任课教师安排好，课代表组织在教室"月清"（书面考试），用隔板隔开，备课组长巡查，"补清"未达80分（按百分制计算）则应该重"补清"，由任课教师负责。

（3）第三层次：学困生，年级后20%左右。

形式：书面考试，题量控制在30分钟内可完成。

内容：备课组组题，部分题可与第二层次相同；其他为最基础题（例：语文字、词，数学基本运算，英语单词、词组及句型转换，物理公式，化学反应方式等）。

组织：由备课组安排组内教师监考、改卷，"补清"未达80分（按百分制计算）则应该重"补清"，重"补清"每人每科交费用5元，重"补清"仍未过的学生由任课教师负责，直至满分为止。

月考错题建档与讲评方法：当改卷系统中小题的难度系数>1—成绩册难度系数时，备课组、任课教师须将本小题建档（便于阶段针对性训练或总复习针对性训练），并在课堂上讲评。

（二）"四清"的管理

分管校长是"四清"管理的主要领导者，全面负责全校的"四清"管理，教务处、年级主任是"四清"的分管领导，备课组长是"四清"管理的直接领导，任课教师是"四清"直接责任人。

备课组长于每周一集体备课时确定本周"四清"内容，集体备课结束立即上交至年级主任初审，年级主任初审合格后于当天交教务处复审，教务处复审合格后立即交分管校长终审，终审结果必须于当天反馈给各任课教师。备课组长每天要检查任课教师的"日清"情况并反馈。教务处、年级主任每天要检查任课教师的"日清"情况并反馈。年级主任周日组织抽查各班"周清"情况，将"周清"结果报给教务处。分管校长及时检查"四清"的落实情况，对教务处、年级主任、备课组长、任课教师"四清"落实情况进行考核、记载。

实行"四清"工作捆绑承包责任制，对未按规定搞好"四清"工作的任课教师按《师德考核奖励办法》处理。

（三）"四清"未达标的处理办法

要充分认识到对后进生抓"四清"的难度，既要抓好教育引导、加大力度，清得后进生规规矩矩地学，又要给他们以实实在在的帮助，还要密切关注，采取必要的安全防护措施，防止矛盾激化造成后进生出走或发生其他意外情况。一句话：要抓好"四清"背后的"思想清"。

任课教师必须认识到"清"好每一个学生是自己义不容辞的职责，对不按教师要求进行"四清"的学生，任课教师要同班主任共同与家长取得联系，要求家长配合教育。

对未按要求进行"四清"学生的处理办法如下：

（1）"四清"未过关累计满3科次，通知家长，要求家长配合教师进行教育；

（2）"四清"未过关累计满5科次，综合素质评价学习态度与能力维度评定为C等（意为重点高中不录取），记入学籍档案；

（3）"四清"未过关累计满8科次，列入下学期缓交名单，本学期留校试读，并签试读协议；

（4）"四清"未过关累计满10科次，说明不适应本校学习，建议下学期转学；综合素质评价学习态度与能力维度评定为D等（意为不能升入任何高中学校），记入学籍档案。

但要允许学生随时把未清的内容补清，以减少累计数。

要准确理解"四清"的含义，把握精髓，灵活运用，千万不要生搬硬套，要注意实效，怎么做效果好就怎么做。

（四）处理好基础与提高的关系

传统的教学，只注重"精英"，为让中上学生"吃饱吃好"，新授课就进行拓展加深，出发点是为了能让这些学生学好考好，但结果却总是事与愿违：由于课堂没有抓基础，课堂上拓展加深的内容差生听不懂，作业不会做，差生变得越来越差，拖累整个班级，学习风气变得越来越差，差生又变得越来越多，这样恶性循环，对"精英"学生造成非常大的影响，最终"精英"学生也无法学好考好，甚至转变为差生，再加上差生在学习上"无所事事"，自然就要找一些损坏财物、打架斗殴的事情做做，处理这些事情耗去了教师大量的时间、精力，教学质量怎么好得了？所以，这种"精英"教育必须彻底摒弃。

而"四清"的目的就是从基础抓起，面向全体，实现"人人清"，这样差生会慢慢赶上来，学风会越来越好，违纪会越来越少，教师尤其是班主任不再整天提心吊胆，会有更多的精力、时间用于钻研教材、备课、批改作业等，教学质量自然也就越来越高。但"四清"不等于永远只搞记、背，新授课的"堂堂清"督促学生把最基础的东西记、背牢固了，作业课的"日日清"就可以将精力放在能力训练题上，这些题部分学生不会做，但经过教师讲评后全体同学也应该"清"，随着学生能力的逐步提升，"清"的内容也要相应提升，只有这样才能适应最终的中考，"精英"们同样能"吃饱吃好"。

要做好"四清"，全面、准确了解学情至关重要，要明白"清"什么，"清"到什么程度切合实际，就必须了解学情，因此教师要做到对每一位学生的学习基础、学习能力、课堂表现心中有数。

三、不断探索，创新发展

"一、四、六"教学法和"四清"操作法，是致远初中经过多年的学习，吸纳、消化、总结、创新的教学方法，十分有效地提升了致远初中的教学成效，取得了令人瞩目的教学成就。

它把课堂交给了学生，充分调动了学生的学习自觉性、主动性，避免了满堂灌的传统教学方法，使学生偷不了懒、走不了神，养成了自主学习、主动投入的学习习惯。

这一教学方法也给了老师创新与规范的双重任务，充分调动了老师"教"与"导"的积极性、创造性，老师不再是传统教学上的讲授者，而是出色的"导演"，促进了老师自身不断创新发展。

致远初中人并不满足于目前的教学效果，而是坚持向名校学习，积极学习吸纳更为先进的教学法。董事长叶险雄目光长远，想方设法邀请上海市特级校长邵世开先生等教学名师来校传经送宝，学习当今全国甚至世界先进的教育教学改革经验，以不断探索、创新发展的雄心面对未来。

第九章
制度之盾

　　孔子说："仁者乐山，智者乐水。"好的学校创办者、管理者、教育者既能乐山，也能乐水。乐山者，就是要有山一样的目标、山一样的意志、山一样的制度；乐水者，就是要有水一般的智慧、水一般的胸怀、水一般的自由。细察致远初中之所以能够"炼成"一流初中，就是拥有一整套"山"一样的制度并能够刚性执行，切实树牢制度之盾；在制度之内，充分发挥师生的智慧，释放教与学的自由。历经20余年的不断完善，致远初中有了一整套完善且具有操作性的治理体系，保障了学校健康发展，尤其在师生教与学的制度上，很有"致远特色"。

孔子说："仁者乐山，智者乐水。"好的学校举办者、管理者、教育者既能乐山，也能乐水。乐山者，就是要有山一样的目标、山一样的意志、山一样的制度；乐水者，就是要有水一般的智慧、水一般的胸怀、水一般的自由。细察致远初中之所以能够"炼成"一流初中，就是拥有一整套"山"一样的制度并且能够刚性执行，切实树牢制度之盾；在制度之内，充分发挥师生的智慧，飞翔教与学的自由。历经20多年的不断完善，致远初中有了整套完善且具有操作性的治理体系，保障了学校健康发展，尤其在师生的教与学的制度上，很有"致远特色"。

一、致远初中备课制度

（一）个人超前钻研教材

每位老师须独立超前对所教学科教材进行学习钻研，为集体备课提前做好准备。

（二）集体备课

1. 时间

各学科错时进行，不影响正常的上课。

语文：每周第一天下午；数学：每周第二天下午；

英语：每周第三天下午；理化：每周第四天上午；

其他学科为第四天下午。

2. 责任人

备课组长为责任人。

3. 一般程序和任务

（1）研讨下周所教的教材，质疑问难（超前一周完成）；须人人参与。

（2）研讨教材中的重点、难点问题，要充分考虑学情，要突出解决重点、难点问题，合理安排时间和科学的授课方法及程序。学生"先学"中，要学生充分暴露问题，教师针对问题时要考虑好如何指导学生解决问题（即走出教材、指导运用）。

（3）研讨每节课如何引导学生紧张、高效地自学，必须做到五个"统一"：① 统一进度（因课表课时有时间段的出入，故进度前后不超过两天，绝对一周统一）；② 统一课件；③ 统一思考题、检测题和课堂作业（备课时，不仅备教案，还必须备作业，作业含课时作业和"四清"作业）；④ 统一教学过程；⑤ 统一学习目标，不允许备课过程中"留一手"和授课过程中的独立操作，必须人人参与、全员合作，统一行动，否则，按考评条例处理，并直至解聘。

（三）个人写教案

根据集体备课定下的思路（框架），写好过渡语等，充实内容形式，撰写有个人风格的教案（授课过程中，各环节之间的过渡语要简练，不说闲话并注意临时情况处理，老师可独自完成，形成自己的风格）。

（四）交稿审核

授课定稿后的教案，由各备课组须交一份纸质版到教研组长处审核（审核通过，方可用此教案，由备课组长负责），如未通过，须重备、重申，教研组长须做好记录。

二、备课组长工作职责

为了提高教师的教学业务水平和教研能力，充分发挥备课组的集体智慧和力量，提高教育教学质量，特制定备课组长职责如下：

（1）备课组长作为学科教学骨干，应有良好的职业道德和师德修养，有强烈的事业心和责任感，有较高的业务水平和教学能力。

（2）积极主动工作，认真组织备课组全体教师正常有序地开展备课组的一切教学研究活动。

（3）每学期开学初，带领全组老师讨论制订本学期教学计划，按时上交计划并在教学中落实计划且能适时地调整和修订。

（4）组织全组教师认真开展集体备课，坚持每轮两次就本周所教内容开展讨论，在教学目的、要求、重点、难点、关键例题的讲解、练习题的处理等方面形成共识并由中心发言人按时写好备课记录。

（5）组织协调本组老师认真开展听课活动，组织好同课同构，本备课组内能经常举行研究课、课后认真讨论，提高改进意见和措施，不断优化教学过程。

（6）备课组长集体备课时做到"四定""五统一""六明确"。"四定"：定时间、定地点、定课题、定主讲；"五统一"：各备课组要确保本组内各老师在教学过程中的"五统一"，即统一进度、统一要求、统一内容、统一巩固案、统一考查；"六明确"：备课组集体备课中要确定教学过程中的"六个明确"，即明确基本知识点、明确基本能力训练点、明确思想教育基本结合点、明确知识迁移的基本结合点、明确重点、明确难点。各备课组的集体备课要做好纪录，期末交教研处。

（7）按质按时按量完成教务处教研处的常规（比如教学总结）或临时性（比如指定发言）任务。

（8）每天做好本年级本学科"日清"表的检查，做好登记并反馈到"日清"检查反馈群。

（9）配合教研组长开学初对新老师进行"一、四、六"教学模式的培训工作。

三、致远初中讲课制度

（1）教师必须按时上课，不提前，不拖后。

（2）预备铃响后，学生快速回到座位，摆好书、本子、笔等。端正坐姿（挺胸、双手平放在课桌上，目光平视），安静等待上课；教师完成上课前各工作后站在教室前门（靠室内），目光平视每位同学，关注每位同学课前准备情况、精神状态，确保室内安静。

（3）上课铃响后（铃响完），老师走到讲台。班长喊"起立"，老师说"同学们好"，学生说"老师好"，老师说"请坐"，学生坐下。（二、三两条就是要用好课前的仪式感，让学习进入上课状态。）

（4）教师进教室不带手机、不带水杯、教态亲切；不坐着上课，不随便离开教室，不体罚或变相体罚学生，不挖苦讽刺学生。学生课桌上也不放水杯，不放与本节课无关的书和其他东西。

（5）授课过程要变老师讲为主，为学生紧张高效自学为主，教师尽可能让学生暴露问题，尽可能让学生说，教师只以点拨为主。

（6）教师板书工整、不潦草。

（7）学习目标要明确、具体、准确，力求当堂达到（备课环节完成）自学指导要达到内容、时间、方法、要求"四明确"（自学后检测环节要体现出来）。

（8）"自学"时（看书），教师言行要有利于学生聚精会神地学习（不写板书，不说闲话，不做闲事，不随便走动）。

（9）"自学"后的检测题要以课本上的为主（复习课除外），也可以自编检测题，要有代表性，不能太难。

（10）学生完成检测练习时，教师不作辅导，要关注学生作业的状况，要巡视，最大限度发现练习中的错误，并思考如何纠错，但不指导；检测后的"总结"，应更多地让学生更正、讨论；教师只讲学生不会的、说错的或不完整的。

（11）检测作业必须课堂内完成，不拖到课后。

（12）下课铃响后教师不拖堂，示意下课，班长喊"起立"，老师说"同学们再见"，学生说"老师再见"，老师先出教室。

四、教师教学行为及用语规范

为规范教师课堂教学行为，最大限度地提升教学行为品质，提高课堂时间教学效果，特制定下列规范：

（一）候课

（1）关注学生课前准备工作是否完成。

（2）学生候课三分钟，可在完成课前准备工作的前提下，熟记或朗读或复习或预习相关知识。

（3）上下课必须有仪式，教师和学生相互问候语言声音洪亮，精神饱满。

（二）导入新课

1. 原则

导入新课应遵循直接、明确、简洁、启发的原则，语言简洁扼要。

2. 形式

（1）复习导入式：上节课我们学了……知识，大家回忆总结下……这节课我们学习……知识。

（2）情景导入式，用时不超过三分钟，不可天马行空，不着边际，也不可背离课堂内容。

（3）开门见山式：这节课我们学习……知识，为了完成本节课的学习任务，请看学习目标。

（三）课堂各环节过渡语、总结语

授课过程中的每个环节都要有过渡语或总结语，语言简洁，如导入新课——学习目标：为了更好完成本节课的学习任务，请看（明确）学习目标。学习目标——第一次独立自学：为了完成本节课的学习目标，将进行×次独立自学，下面进行第一次独立自学，请看自学指导。两次独立自学环节之间：第×次独立自学我们学习了（解决了）……知识（问题），同学们表现都不错，下面我们进行第×次独立自学。训练巩固：这节课我们完成了×次独立自学，掌握了……知识，为了巩固学到的知识，我们进行巩固训练。

（四）朗读和回答问题（学生个体）

（1）教师要关注和要求学生的坐姿或站姿（见学生规范要求），培养学生自信或自律的意识。

（2）教师要关注和要求学生：声音洪亮、语言规范（见学生规范要求）。

（五）作业（书面作业）

教师要关注和要求学生作业格式步骤和书写规范（见学生作业要求）。

（六）教师课堂教学板书要求

（1）每堂课须有学习内容板书（课题板书）。

（2）用楷书：书写规范，不潦草。

（3）学习内容板书条理清晰，学生抄写方便明确。

五、教师课堂规范标准

为了规范课堂秩序，提高课堂效率，促进学生养成良好习惯，特制定致远初中课堂标准如下：

（1）教师必须按时上课，不得提前或推迟下课。

（2）科任老师必须按照候课要求做好候课。

（3）教师必须以身作则，一举一动给学生良好影响，教态自然、大方、微笑、亲切，富有感情；说话声音洪亮，抑扬顿挫；板书要工整；不允许穿背心、拖鞋上课，不允许坐着讲课；不带茶杯、手机进教室；不允许上课期间在教室抽烟或离开教室抽烟；不允许随便离开教室；不讽刺、歧视学生，如发现学生违纪，可目光示意或不点名制止，必要时点名制止，如无效，待课后严肃处理（课上不得处理学生纠纷，不要浪费学习时间）；不得体罚、变相体罚学生（包括不让进教室、罚站或赶学生出教室）。

（4）晨读课、早读课、自习课、练习课、复习课或自测考试课时，教师不得埋头干自己的事，必须全程扫视或关注学生，有时要多巡视。晨读、早读任务必须写在黑板上或以PPT的形式展示。练习课、复习课、识记课都必须有课件。

（5）教师要改变授课方式，课上变教师讲为学生专心紧张地看书、思考、练习、更正、讨论、听讲、当堂完成作业。

（6）学生自学时，要善于思考，不懂就问；教师不板书（不抄题），不说闲话，不做闲事，不随便走来走去，不得分散学生的注意力。

（7）检测练习时，教师要关注学生，不作辅导，最大限度地发现学生练习中的错误，并思考如何第二次备课。检测练习后，即"总结"时，应启发较多的学生踊跃更正、讨论。鼓励学生读书、发言，声音要洪亮，提高学生的表达能力，教师只讲学生更正讨论后依然说错的或说得不完整的。

（8）教师授课语言必须规范、简洁，并有激情（导入课和环节之间的衔接语都必须要有，并简洁清晰）。

（9）科任老师必须时刻保持课堂的紧张，把是否有效果作为衡量课好坏的唯一标准。

（10）教师不得随意换课，如需要换课必须报备教务处，包括考试。

六、教师批改作业数量及要求

（一）语文

1. 六、七年级的要求

（1）作文，每月两篇，教师细致修改至少50%的同学的作文，剩下的作文教师也要通篇阅读、适当修改。

（2）练字本，每轮批改一次，全批全改。

（3）六年级《百分闯关》，七年级《一课一练》，对倒数20名的学生面批面查，写好"查"字并注明时间。单元测试卷全批全改。

（4）生字词和默写合卷每轮必须出一次并批改。

2. 八年级的要求

（1）作文，每月两篇，教师细致修改至少50%的同学的作文，剩下的作文教师也要通篇阅读、适当修改。

（2）《四清导航》，对倒数20名的学生面批面查，写好"查"字并注明时间。

（3）单元测试卷全批全改。

（4）生字词和默写合卷每轮必须出一次并批改。

3.九年级的要求

（1）作文，每月两篇，教师细致修改至少50％的同学的作文，剩下的作文教师也要通篇阅读、适当修改。

（2）天天练，一轮抽改三次。

（3）第一学期单元测试卷全批全改，第二学期综合卷一轮批改一套。

（二）英语

1.六至八年级的要求

单元测试卷由教师全批全改；单词、短语每周听写两次，教师必须全批全改；平时书面表达后进生（班级倒数20名的学生）和优生（班级排名前5—10名）由教师批改。

2.九年级的要求

资料书精讲本上的知识点听写一轮六次和书面表达一轮一次，教师必须全批全改；单词、短语、听写教师必须全改；单元测试卷由教师全改。

（三）数学

（1）以备课组为单位，统一命题，统一用纸，统一题量，每次2—4题。

（2）命题要求：解答题、证明题、多步计算题、应用题等，目的是规范学生的解题格式，老师批改时着重看学生的解题思路、解题格式、书写工整程度等。

（3）每大轮批改五次。

（四）理化生地

（1）七年级地理作业：每轮一张单元卷，每班抽改25位后进生和5位优生。

（2）八年级地理作业：每轮一张单元卷，每班抽改15位"拐脚"学生，其他学生互改。

（3）七年级生物作业：每轮一张单元卷，每班抽改15位"拐脚"学生，其他学生互改。

（4）八年级生物作业：每轮一张单元卷，每班抽改10位"拐脚"学生，其他学生互改。

（5）八年级物理作业：每轮做两次周测卷（《一课一练》），改35人。

4月份：第一轮 周测卷1、2；第二轮 周测卷3、4。

5月份：第一轮 周测卷5、6；第二轮 周测卷7、8。

6月份：第一轮 周测卷9、10；第二轮 周测卷11、12。

（6）九年级物理暂定每轮做三个计算题（统一用作业纸做），35位同学以上由教师全改。

（7）九年级化学作业：每轮做三次作业，一次化学方程式，两次计算题（统一用作业纸），教师至少全改35位同学的作业。

（五）政史

（1）七、八年级政治、历史作业：政治作业每轮每班抽改创新练习一次，每次20本；历史作业每轮每班抽改试卷一次，每次20张。

（2）九年级政治、历史作业：每轮每班抽改一次，每次20张，教师全批全改。

（3）所有作业均在每月月底检查。

七、课堂教学法责任书

为了全面推动"永威"课堂教学模式，全面提高教学质量，有效提高学校办学水平，树立"以人为本""一切为了学生的发展"的教育理念，调动广大教师敬业执教的积极性，结合我校实际，特制定本责任书。

1. 教师的课堂，必须以"永威"教学模式为准绳，坚持"一、四、六"教学法，即四个大环节、六个小环节。

2. 教师必须坚持学习教育教学理论，坚持写读书笔记，挖掘教材与学生生活经验的结合点，把全新的教学理念与实际的教学结合起来。

3. 教师要听从备课组长安排，做好集体备课，认真写好"全程备课本"，做好课堂教学反思。

4. 教师必须在备课组长的引领下，集体设计或精选课堂练习题，针对不同层次的学生进行分层设计，突出重点，突破难点，分别设计基础性练习、提升性练习、能力性练习，分层达标。

5. 教师必须熟练运用现代信息技术，课堂以课件为主，丰富课堂内容，提高课堂效率。

6. 教师要严格控制作业量，以《四清导航》为主要资料，争取课外不留作业，充分利用好课堂，做到课堂"紧张高效"。

7. 做好班级小组建设，做好"四清"工作，死盯班上倒数20名的同学。听课坚持做好听课记录，写出听课心得。

8. 做到"一学一著作，一天一小时"，每学期每位老师读一本教育类著作，每天读书一小时，记好读书笔记，写好读后感受。

9. 以问题为课题，做好课题研究，写好研究材料。

10. 教师必须严格执行学校课改规定，坚决杜绝课堂走形式、杜绝不落实"一、四、六"课堂教学模式。

11. 配合学校做好赛课活动，认真上课，实现"高效"

的目标。

12. 对不执行"一、四、六"课堂教学模式的老师，学校将不再续聘。

责任双方学校领导（签名）：

责任教师（签名）： 责任教师所任班级：

此责任书一式两份，以上双方各持一份，自签定之日起生效。

八、学生课堂学习规范细则

为规范学生的学习行为，提高学生的学习效果，培养学生的自信心，故制定学习规范细则。

（一）候课

（1）预备铃响后，学生快速入室静坐，并准备好本堂的学习用具和书本。

（2）候课3分钟，在完成好本堂可学习准备工作后，可精神饱满地静坐等候老师上课，也可复习或预习相关知识，快速进入学习状态。

（二）课堂读写姿势和坐姿标准

（1）读写姿势：眼睛离课本一尺，胸离课桌一拳（坐读）；指尖距笔尖一寸，拇指、食指、中指分别从三个方面握笔，笔杆上部斜靠在食指的根部，笔杆与纸面成约40°角。

（2）坐姿标准：上身与站立姿势基本相同，头正、肩平、身正、立腰挺胸，两腿自然垂放，胸挺起，背撑直，胸口与桌沿距离一拳左右。

（三）学生听课和看书要求

（1）听课要一心一意，不可分神，眼睛注视着老师，精神跟随老师上课思路。

（2）要有听课笔记本，做好课堂笔记。

（3）要对本节课的重点和难点认真听，求得理解突破。有困难可课堂内向老师提问和课后向同学、老师询问。

（4）要善于总结拓展，对常见题型和典型题型要理解巩固到位。

（5）学生预习和课堂自学看书一定要有记载，可在书中划出，也可在课堂笔记中写出。

（四）学生课堂中回答问题要求

（1）学生课堂中回答问题须站立，并身正、肩平、眼平视，看老师，做到自信、大方。

（2）回答用语要抓住问题的关键要领，简洁规范。如以"我认为……""我的理解是……"开头，结束时用上"回答完毕"。如果回答不出，可说"抱歉，我不会"或"我还没理解"等。

（3）回答声量应以让最后一排的同学或全班同学都能清晰听到为起点要求。

（五）作业要求（书面作业）

（1）书面作业一律用黑色水笔书写。

（2）字迹工整，字体合乎规范，不得潦草，标点符号使用正确。

（3）按时、按质完成，不抄袭。如有错误应改正，并保持"卷面"整洁。

（4）要对老师批改后的作业或作业后情况进行反思总结。

九、致远初中学生一日常规制度

为了促进学生全面发展，适应社会需要，致远初中学生必须严守《中学生守则》《中学生日常行为规范》，同时，自觉遵守《致远初中学生一日常规》。如严重违规，则严肃处理。

（1）要穿校服，佩戴校牌，不留长指甲。在校园里不穿拖鞋、背心、休闲短裤或运动短裤。

（2）每天按时、按要求打扫卫生，做到卫生区无死角，墙壁、地面、门、窗干净，无灰尘。黑板、讲台有专人负责，桌椅物品摆放有序。

（3）严禁往窗外扔杂物，全校大扫除，应达到要求，接受学校检查、评比。

（4）尊敬全校教工，听从教导、不得顶撞。

（5）进办公室先喊报告或轻敲门，得到教师同意后方可进去。

（6）同学之间发生矛盾，各自多做自我批评。矛盾、纠纷要依靠教师和学校，通过正确途径解决，严禁打架或纠集指使他人打架斗殴。提倡简朴，同学间不搞生日聚会、吃喝、游玩、送贺卡等活动，不谈恋爱，不与社会闲散人员交往。

（7）课上严守《致远初中师生课堂规则》，提高课堂学习效率；课后，值日生负责擦黑板，整理讲台，其他同学走出教室活动。

（8）因事不能到校，应事先由家长来电话或到校向班主任请假；迟到、旷课、病假累计超过规定，按学校学籍管理办法处理。

（9）课间操集队要快、齐、静；动作准确、整齐、符合节拍要求，动作幅度到位。眼保健操要求穴位准确，力度适中，符合音乐节拍要求。

（10）教学楼内应轻声慢步，不追打、嬉闹、喧哗，不做剧烈运动，不吹口哨，不讲脏话，不在楼内拍球；在楼道内（或上下楼梯）一律靠右行走，注意礼让，不得拥挤，不窜班。

（11）午间适当休息，夏季按规定午睡，不喧哗、打闹，不做不适宜身心发展的游戏，不打扑克，不上街游逛，饭后不打球。

（12）晚自习要按时上、下课，坚持无声自习，按照教师的布置，认真完成作业或复习、预习功课。教师不在班时，由班干部负责带领同学学习，要自觉保持教室安静，不谈笑、打闹或随便离开座位，不做与学习无关的事。

（13）就餐要排队，要遵守餐厅纪律，确保吃饱而不浪费。用餐后，严禁乱倒剩饭、剩菜，严禁把饭菜带出餐厅，回到宿舍、教室用餐。

（14）按时起床，迅速整理好宿舍内务，按时参加晨读，按时就寝，熄灯后不讲话，不躺在床上看书。

（15）爱护公物及学校一切设施，凡损坏公物者，要主动报告、赔偿，对故意损坏公物者，除赔偿外，学校根据情节给予相应处分。不准用脚踢门，晚自习后必须关灯、关窗、关空调，迅速排队离开教室。

（16）集会、大型活动时要排队按时到场，按指定位置就座，不准随意走动和谈笑，不准起哄、吃零食，要认真听讲，必要时做好记录。

（17）严禁将校外人员带入学校，不准在校门前会客。

（18）严禁将危害他人安全的刀具等器械、火种，以及游戏玩具、小动物或与学习无关的物品带进学校，手机、零用钱须交给班主任。

（19）未经班主任同意不准出校，更不准在校外住宿。

（20）体育课上按要求训练，确保安全，不随意触摸电器设备和消防器材。不攀爬树木和建筑物。按教师要求上好实验课，注意安全，不动、不拿危险药品。在校园内禁止在非运动场地开展体育活动。不吸烟、不翻围墙，不进网吧等有损学生身心健康的场所。

（21）双休日、节假日，没有教师允许，不得擅自到校或在校活动。

十、自管会工作制度

（一）自管会宗旨

培养学生自主管理能力，提高学生综合素质。

（二）自管会原则

公平公正、正当合理（措施：人员交叉配备，依次轮换，实行组长责任制）。

（三）工作职责

（1）主席（1人）：全面主持学生自管会工作，负责向年级组请示汇报工作，反映学生意见和要求。

（2）副主席（2人）：协助学生自管会主席主持学生会日常工作，广泛听取各方面意见并及时向主席反映。

（3）各部部长（综合部、生活部各1人）：负责主持本部的日常工作，负责向主席汇报情况，报告工作，听取意见、督促、检查本部日常工作检查小组的工作。

（4）各组组长：值日当天晨读课前到新教学楼二楼办公室领值日日志且将其发给当日值日成员（值日日志由组长填写，检查表由成员填写）；认真履行检查职责，客观公正填写检查结果；第二天晨读前将值日日志交还至二楼办公室；监督本组成员工作状态且上报未值日同学名单（两次未值日改选其他同学）。

（四）各检查组分工

1. 综合组检查项目

（1）三餐后回教室队形及纪律；（2）习字课纪律；（3）每日宣誓；（4）眼保健操；（5）每日小结；（6）中午12:30—13:00 检

查卫生包干区、新教学楼女厕所及各班教室卫生情况；（7）课间巡查发现违反校规校纪的现象（追逐打闹、串班、不文明语言），及时制止并记录；（8）下晚自习站楼道及笃志楼后监督队形及纪律。

2. 生活组检查项目

（1）晚就寝纪律（22:00—22:30）；（2）周末留校寝室纪律；（3）考试期间寝室纪律（教室纪律）

（五）具体人员名单及工作安排

1. 综合部

6人一组，每组包干2天。

（1）第一组（第一天、第二天）。组长：1人；卫生区检查：2人；教室检查：3人。

（2）第二组（第三天、第四天）。组长：1人；卫生区检查：2人；教室检查：2人。

（3）第三组（第五天、第六天）。组长：1人；卫生区检查：2人；教室检查：3人。

（4）第四组（第七天、第八天）。组长：1人；卫生区检查：1人；教室检查：3人。

（5）第五组（第九天、第十天）。组长：1人；卫生区检查：2人；教室检查：3人。

（6）第六组（第十一天、第十二天）。组长：1人；卫生区检查：6人。

2. 生活部

2至3人负责一楼层，包干。

（1）男生寝室值日安排：

第一组：3人，负责2栋4楼；第二组：2人；第三组：3人，负责3栋4楼；第四组：3人；第五组：3人，负责3栋5楼

（备注：单日由二、四组值日；双日由三、五组值日）；

第六组：3人，负责新寝室5楼；第七组：2人，负责3栋3楼。

（2）女生寝室值日安排：

第一组：2人，第二组：2人（一、二组负责4栋3楼）；

第三组：3人，第四组：3人（三、四组负责4栋4楼）；

第五组：3人，第六组：3人（五、六组负责4栋5楼）。

（备注：单日由一、三、五组检查；双日由二、四、六组检查；返校日视日期而定。）

补充事宜：

（1）生活部周末留校值日：先男后女，每组依次轮换（只要有学生留校就要留下值日）。

（2）各值日组值日当天下课后就去餐厅就餐（不用跟班就餐），按时到岗值日。

十一、学生候课礼仪及坐姿

（1）预备铃响后，学生快速回到自己座位。

（2）课代表大声说："快速拿出上课用的书和用具。"约6秒后，课代表大声说："端正坐姿。"学生保持正确坐姿后，静静地等待老师到来。

候课坐姿要求头部端正，身体保持正直，双手交叠（见图9-1）。

（3）预备铃响后，科任老师应尽快来到教室门口，

图9-1　学生候课坐姿

侧身面对学生，等待上课。

（4）上课铃声响后，老师走进教室，班长大声喊："起立。"全班同学大声喊："老师好！"老师大声回应："同学们好！请坐！"

（5）下课铃声响起，科任老师大声喊："下课。"班长大声喊："起立。"老师说："再见。"学生答："老师再见！"

十二、学生寝室内务、就寝要求

为了规范学生作息，营造良好的就寝环境，养成良好的生活习惯，强化劳动观念，特制定以下条例。

（1）被子：叠成豆腐块形状，左右两边床的被子上下全部朝门口方向摆放。垫被要求整洁平放。

（2）枕头：放在叠好的被子上面摆放整齐。

（3）鞋子：全部要求呈直线分类多列摆放在同一边的床底下（鞋头朝里，鞋跟朝外）。

（4）箱子：呈直线摆放在寝室的同一边床底下（床底矮的寝室箱子摆放整齐即可）。

（5）毛巾、衣架：全部统一挂放整齐。

（6）水桶、脸盆：脸盆一律放到水桶上面摆放整齐，位置根据寝室情况自己设定。

（7）衣服：干衣服必须叠好放在书包或床头摆放整齐。未洗的衣服放在水桶里。未干的衣服雨天可挂在自己的床边摆放整齐。

（8）牙膏、牙刷、杯子：牙刷、牙膏必须头朝上放在杯子里，呈直线多列摆放整齐（要求牙刷、牙膏统一方向）。

（9）衣刷、鞋刷、肥皂等摆放在抽屉或桌面上，要求摆放整齐美观。

（10）书包：放在摆放被子的床头边。

（11）开水壶：放在相应的位置上摆放整齐。

（12）电风扇罩不得挂任何物品。

（13）其他物品一律收齐好，自己设定位置摆放整齐。

（14）卫生：床底下、桌面上、窗台上、地面上、厕所上、水池上、门口上一律不允许放任何垃圾。

（15）就寝要求：规定时间洗漱、规定时间上床就寝、规定时间起床。

十三、学生就餐、集会、离校排队要求

为了保障学生安全，培养学生良好的行为习惯，规范学生的日常行为，实现安静校园的目标，进一步提高学生的纪律性、主动性和自觉性，针对学校目前的实际情况，现对各班学生排队下楼就餐、就寝、离校作进一步的规范。

（一）就餐排队要求

（1）住校生：一日三餐在教室走廊排队，各班班干部负责队伍纪律，由班主任带领本班学生进餐厅就餐，按开学时规定位置就座，就餐期间班主任全程陪同，保障学生正常就餐，防止学生偏食、浪费现象的发生。就餐结束后，学生按规定路线返回教室。

（2）走读生：早、中、晚放学，由班干部负责整理走读生队伍，按规定路线排队离开校园。

（3）晚自习后，全班排队，走读生排在队伍后面，由最后一节晚自习的科任老师负责带队离开，要求全程安静、有序，否则对学生和老师进行批评教育。

（二）集会排队要求

（1）集会前，各班在教室等候，由班主任在教室走廊整队，

之后带领学生有序、安全进场，站在篮球场的规定位置。

（2）集会中，学生按照体育课队形排队，全程保持安静。

（3）集会后，按照规定顺序，各班排两队由班主任有序带领离场，进入教室。

（三）周末、假期排队要求

（1）放学要求：七、八、九年级分时间段、分流放学（七、九年级从前门离校，八年级从后门离校，特殊情况另行通知），以免造成拥堵。

（2）各班按照规定位置站好，班干部站在队伍的第一位，高举班牌，由班主任带队放学生离开校园，之后到规定位置签到，以保障学生安全。

（3）为了防止校门拥堵，返校当天，12:00—16:00学生从学校后门进校园，其他时间从前门进校园。

第十章
德育之魂

　　校训"立德树人，弘毅致远"是致远初中的文化核心。致远初中自立校以来，就特别重视学校的德育工作，立足学校实际，确立德育目标，创新德育方法，构建德育体系，形成具有致远初中特色的学校德育——依据受教育者不同年龄、心智，锻造"阳光少年，祖国未来"。

校训"立德树人，弘毅致远"是致远初中的文化核心。致远初中自立校以来，就特别重视学校的德育工作。他们立足学校实际，确立德育目标，创新德育方法，构建德育体系，形成具有致远初中特色的学校德育——依据受教育者不同年龄、心智，锻造"阳光少年，祖国未来"。

一、立德有据、切中实际——构建全面系统德育体系的背景、依据

致远初中的领导深刻理解、领悟到了党和国家对学校德育工作的要求，了解学生思想品德上存在的实际问题和学校德育存在的不足，通过不断学习、实践、操作，创造性地构建起了"致远初中学校德育建设体系"，对不同年龄、不同年级的学生开展有针对性的教育，取得了良好的德育成效。

1. 立德树人是教育的根本任务，德育是素质教育的核心内容

致远初中坚持把立德树人作为中心环节，将思想政治工作贯穿教育教学全过程，实现全程育人、全员育人、全方位育人，全力培养德智体美劳全面发展的社会主义建设者和接班人，努力开创教育事业发展新局面。坚持按照习近平同志所强调的"不忘立德初心，牢记为党育人为国育才使命"要求，不断作出新的更大贡献。《中国教育现代化2035》提出了推进教育现代化的八大基本理念：更加注重以德为先，更加注重全面发展，更加注重面向人人，更加注重终身学习，更加注重因材施教，更加注重知行合

一，更加注重融合发展，更加注重共建共享。《中华人民共和国义务教育法》规定，学校应当把德育放在首位，寓德育于教育教学之中。

如同学习其他文化课一样，学生如果没有接受全面、系统的德育，其思想品德素养就不会全面，甚至会存在缺陷，素质教育的核心就不可能落到实处。要落实好立德树人的根本任务，保证学校阳光德育工作取得实效，就要着力构建全面、系统的德育体系，把德育工作落到实处。

2. 明晰致远初中学生思想道德存在的主要问题

（1）不同程度地存在责任感缺失的现象。表现为缺乏社会责任感、集体责任感、家庭责任感以及个人责任感。部分学生不能将自己的学习与个人成长、家庭责任、班集体的荣誉、国家的前途命运联系起来，甚至意识不到好好读书是自己应尽的责任。有的不体谅父母生活的辛苦，不但不分担父母的忧愁，还向父母提出不合理的要求，学习的内在动力不足。

（2）中华传统美德未在部分学生身上得到很好继承。部分学生缺乏勤奋、礼貌、节俭、尊敬、谦让、奉献、感恩等传统美德。取而代之的是自私、浪费、懒惰、追求享受等不良习气频现。

（3）行为规范不尽人意，规则意识没有真正内化于心，造成知行不一。

（4）道德理想有感情化和世俗化的倾向，过多强调个人感受、个人利益，追求的理想目标具有短期性、功利性的特点。

（5）心理承受能力差。部分学生由于家长溺爱和家庭教育理念的问题，进入学校前，没有独立面对困难和挫折的意识与能力。进入学校后，遇到困难和挫折很容易消沉；容易受不良思想、行为影响而盲从；当与同学产生矛盾冲突时，容易产生攻击性行为或逆来顺受；学习上表现为怕吃苦、不坚持而导致成绩不理想，面向能够达到的目标时缺乏勤奋、自信、毅力。

3. 正确面对学校德育工作存在的问题

（1）与教学工作不同，我校德育工作在目标、内容、方法、管理机制等方面缺乏整体性、系统性的安排，造成了一方面随意更改德育活动，另一方面学生深层次思想问题难以得到有效解决。

（2）受传统观念影响，多数教师认为学生德育工作是政教处、班主任、思政老师的事情。班主任与任课教师、家长没有形成合力，弱化了德育效果。

二、构建有致远初中特色的致远阳光德育体系

"致远"二字出自诸葛亮的《诫子书》："夫君子之行，静以修身，俭以养德。非淡泊无以明志，非宁静无以致远。"我校把"致远"一词进一步引申为远大的理想、卓越的追求等，它体现了学校的办学宗旨：为学生幸福生活奠基，为社会进步、国家发展培养人才。

作为一名致远教师，当"学高为师、身正为范"，为学生做榜样；有"海纳百川，有容乃大"的博大胸怀；以强烈的事业心、高度的责任感、精湛的教学艺术去引导学生，即"以德为先"。师爱是教育的灵魂，师爱是一种强大的力量，是学生发挥主观能动性的动力之一。教师应以父母之心去爱自己的学生，使学生看到自身的价值，产生向上的力量，进而自励进取，身心健康发展。

（一）指导思想

坚持以生为本，遵循德育工作规律、青少年学生身心发展规律和思想品德形成发展规律，从德育目标、德育内容、德育途径、德育方法、德育机制等方面入手进行系统、规范、科学且有针对

性、突出重点的设计，力求达到各年级纵向衔接、分层递进；以"立德树人，弘毅致远"为核心内容，统领德育，整体构建适应素质教育要求的致远阳光德育体系，促进学生全面健康成长。

（二）基本原则

（1）突出重点。以学生实际为出发点。低起点、小步进，各年级间系统连续、科学衔接、逐步累积、完善提高。

（2）精心组织。在落实学校各项管理制度、建立教育教学秩序以及开展各类教育活动的过程中，精心设计和科学安排每一系列操作步骤，做到组织有序，检查到位，环环相扣。即使是一次集会，也应在集队、进场、会风、退场等每一环节做好组织教育工作，使之成为文明守纪的教育实践，让有形的程序要求转化为无形的德育过程。

（3）注重过程。只有增强主体与环境接触过程中的情绪体验、充分激发其强烈的道德情感，道德认识才能转化为道德行为。基础教育中的德育，更要注重全方位教育因素的整合作用，注重全过程参与者的情景体验，从而真正实现由他律向自律的转变。

（4）循序渐进。必须坚持循序渐进、潜移默化、依次展开、逐步提高的原则。如德育的内容应从行为规范养成的低起点出发，逐步向社会责任感、爱国情感等高层次渐进发展；德育的活动应由"单一性"向"综合性"渐进发展。

（5）面向实际。从其他学校进入我校的学生不良行为习惯很多，无法在很短的时间内转变，只能分时段逐项改变。

（6）常抓不懈。德育工作是一项复杂的系统工程，只有常抓不懈，才能抓出实效，结出硕果。在某一项德育活动上必须持之以恒、一抓到底；要保持各年级段之间的有机衔接、系统连贯；面对品德培养过程中的艰巨性与反复性，教师应具有意志力和使命感，永不言弃。

（三）阳光德育目标

树立民族意识、家国情怀，立志为中华民族伟大复兴努力学习；树立公民意识，具有良好的道德品质、文明行为习惯以及自主学习习惯，做到有爱心——爱父母、爱学校、爱师长、爱同学、爱家乡、爱祖国爱自然；树立法治意识，遵纪守法，懂得用法律解决问题；树立科学意识，不迷信，形成诚实守信、积极进取、自尊自信、自立自强、勇对挫折等心理品质；具备道德判断、辨别是非和抵制不良影响的能力。争做一个立德有为、弘毅致远的致远好学生。

各年级侧重性目标如下表10-1所示：

表10-1　七至九年级德育教育侧重性目标

目标 年级	认知目标	情感目标	行为目标
七年级 （迈好 中学第 一步）	1. 熟记《致远初中班级评估细则》及其他制度内容。 2. 了解初中生学习特点，完成从小学到初中的心理过渡。	1. 通过学习和体验逐步养成良好的学习、生活和行为习惯。 2. 通过集体生活，增强集体荣誉感，培养集体主义精神。 3. 通过参加班级事务，增强责任意识。 4. 通过熟记校名、办学成就、校训，培养爱校情感。	1. 熟记、遵守《致远初中班级评估细则》。 2. 遵守校纪校规，如有违纪，立即改正。 3. 做好班级事务。 4. 用语文明，礼貌待人，不说脏话，不打架，不损害他人利益。 5. 互相关心、互相爱护、互相帮助，学会赏识他人，学会与人合作。 6. 学会生活自理，养成良好卫生习惯。

目标年级	认知目标	情感目标	行为目标
八年级（迈好青春第一步）	1. 了解积极和健康的生活方式。 2. 理解劳动的重要性。 3. 正确认识网络。 4. 正确认识自身生理及心理的变化。	1. 通过法治学习，增强法治纪律观念，自觉守法，理解校纪、班规存在的合理性和必要性。 2. 通过正确认识网络，培养良好的网络道德，提高网络素养，遵守网络法律，自觉抵制不良诱惑。 3. 培养自我调控、自我疏导、自我排解的良好心理素质，学会调节自己的情绪，顺利渡过"叛逆期"。 4. 学会与父母融洽相处，建立良好的亲子关系，用行动感恩父母。	1. 进一步强化养成教育，正确认识男女生关系，理性处理朦胧情感。 2. 遵纪守法，正确认识自由与纪律的关系，具有坚强的意志品质，珍爱生命。 3. 尊重他人，乐于助人，热心公益活动。 4. 学会抵制冲动，控制过激言行，不激化与他人的矛盾，不参与、不纵容不正当群体行为及打群架。
九年级（迈好转折第一步）	1. 明白中考的重要性。 2. 知道职业只有分工不同，无高低贵贱之分。	1. 通过复习备考，培养"永不言弃，不断超越"的坚强意志品质。 2. 把个人的前途和国家的命运联系起来，弘扬以爱国主义为核心的伟大民族精神。 3. 树立远大理想，脚踏实地，规划未来的人生道路。	1. 进一步明确学习的目的，在正确的升学观指引下，发奋努力、刻苦学习。 2. 结合自身的实际情况，对未来的人生做出合理的选择。

（四）德育内容

总体内容主要体现在六个方面。

（1）爱国情操。主要培养学生爱祖国、爱家乡的深厚感情和以爱国主义为核心的伟大民族精神，教育学生热爱中华优秀传统文化，增强对红色文化和社会主义先进文化的认同感。

（2）理想信念。主要教育学生从小树立正确的世界观、人生观和价值观，引导学生主动把个人梦想和中国梦结合起来，把个人成长进步同祖国富强民主文明和谐美丽联系起来。

（3）公民意识。主要教育学生诚信、友善，学会尊重、关心他人，树立法治意识和社会责任感，热爱自然，保护环境，适应未来社会发展需求。

（4）文明习惯。主要通过对学生的言谈举止、待人接物，人际交往等方面的教育，培养学生良好的行为习惯，养成讲文明、讲卫生、讲秩序、讲公德的良好习惯。

（5）劳动品质。主要培养学生形成良好的劳动习惯和积极的劳动态度，勤奋学习、自觉劳动，勇于创造的精神，为他们终身发展和人生幸福奠定基础。

（6）健康心理。主要培养学生珍惜生命、自尊自爱、积极乐观、自信自强、勇对挫折等优秀品质，引导学生树立积极的心态、开阔的胸怀、善良的心灵和健康的心理。

根据我校实际，突出"致远"特色，重点培养以下优秀品德：爱国、自信、自强、负责、诚信、感恩、友爱、礼貌、孝敬、包容。

各年级侧重内容如下表10-2所示：

表10-2　七至九年级德育教育侧重内容

年级	项目	侧 重 内 容
七年级	行为习惯	1.学习、熟记《致远初中班级评估细则》，培养良好的学习、生活和行为习惯，尽快适应致远生活。 2.进行勤学教育,尽快适应我校教学模式及"四清"模式。
	传统礼仪	1.学会与父母沟通，理解父母、体谅父母、感恩父母。 2.开展文明礼貌和社交礼仪教育活动，培养初步的社会交往能力和良好的文明举止。 3.利用传统节日开展中华优秀传统文化教育。
	公德意识	1.通过榜样教育，树立"我为人人，人人为我"的行为意识。 2.进行以熟知祖国版图、热爱祖国历史文化为主要内容的爱国主义教育。
	社会规范	1.开展以遵守校规校纪为主要内容的纪律教育。 2.学习相关法律法规条文，侧重以遵守交通法规、公共秩序，爱护公共设施为主要内容的社会规范教育。
	生命健康	1.给学生以科学的青春期健康知识，帮助学生告别懵懂与无知，减少好奇与冲动。 2.开展以克服焦虑紧张、自我封闭、嫉妒他人为主的心理健康教育。 3.启迪学生建立自我意识，认识到"我"在世界上具有独一无二的价值，进而对生命充满希望。
	安全教育	以体育安全、交通安全、食品安全，以及预防意外伤害事故为主要内容。
八年级	行为习惯	1.进行明礼诚信教育和法治教育。 2.引导学生正确处理人与人的关系,顺利渡过"叛逆期"。
	传统礼仪	1.引导学生为父母分担忧愁，体验父母养育的艰辛，理解父母的期望，用行动感恩父母。 2.进行勤俭节约教育，懂得尊重劳动、珍惜劳动成果。

续　表

年级	项目	侧　重　内　容
八年级	公德意识	1. 在社会实践中增强对社会的责任感。 2. 进行以校内公益劳动为主要内容的劳动教育。 3. 引导学生正确处理个人与集体、自由与纪律的关系，强化集体主义观念。
	社会规范	1. 引导学生正确认识网络，自觉杜绝不良网络行为。 2. 学习相关网络法律法规。
	健康教育	1. 启迪学生关爱生命。 2. 进行以克服青春期烦恼为主要内容的心理健康教育和青春期卫生教育。
	安全教育	以安全自救方法为主要内容。
九年级	行为习惯	通过完善自我教育，认识自我、挑战自我、自立自强、自律自控。
	传统礼仪	学会感恩、体谅父母，感恩他人、社会、自然。
	公德意识	1. 通过理想信念教育，初步懂得个人理想与共同理想、理想与现实的关系，树立远大理想。 2. 进行爱国守法教育，完成由少年向青年的过渡，达到合格公民和合格市民的标准。
	社会规范	1. 了解基本国情，加强民族团结、国防和国家安全及热爱和平教育。 2. 开展弘扬和培养民族精神教育。
	健康教育	1. 学会自我保护。 2. 学会调节和控制自己，提高耐挫和适应生活能力。 3. 开展正确对待升学为主要内容的心理健康教育。
	安全教育	进一步开展以"远离毒品，珍爱生命""预防艾滋、善待生命"为主题的生命教育。

（五）德育方法、途径

1. 学科教学渗透

科任老师在上课过程中，结合课程中的德育资源对学生进行思想品德教育，落实全员德育和全程德育理念，引导学生树立正确的价值观、人生观和世界观，做新时代中国特色社会主义新人。

2. 开展主题教育活动

重点落实每月一主题系列（包括每周的主题班会、每日三事、日周月反思）教育活动并整合、融合原有的好做法。

（1）各年级"每月一主题"活动安排表。

七年级（见表10-3）：

表10-3　七年级"每月一主题"活动安排表

月主题	周　次	主　　题	参　考　视　频
今天我从微笑开始	第一周	今天我从微笑开始	《今天我从微笑开始》
	第二周	微笑拥有神奇的力量	《微笑的鱼》
	第三周	微笑是清晨第一缕阳光	《微笑女警直面病魔》
	第四周	主题辩论：笑比哭好	
我能拥有感恩的心	第五周	拥有感恩的心	《感恩于父母的心》《那是什么》
	第六周	爱的奉献	《坚守承诺》《把爱分享》
	第七周	主题辩论：1.感恩要不要说出来 2.感恩，物质重要还是精神重要 3.感恩需不需要花钱	

续　表

月主题	周　次	主　题	参 考 视 频
我学会了专心致志	第九周	聚精会神，笃学不语	《闹市专注学习的人》《专心致志》
	第十周	专心助我成功	《珍惜时间》《自信自强少年郎》
	第十一周	主题辩论：愚公应该移山（正方）愚公应该搬家（反方）	
天道酬勤，百遍奇迹	第十三周	百遍奇迹	《成功就是简单的事情重复做》
	第十四周	勤奋三境界：学思行	《邓亚萍的精彩演讲》
	第十五周	主题辩论：1.中学生应不应该熬夜2.人的自我实现,过程更重要（正方）人的自我实现,结果更重要（反方）	
我要做生活的主人	第十七周	我要做生活的主人	《俞敏洪：相信奋斗的力量》
	第十八周	做一个大写的人	《人生六字密诀》《锁住目标》
	第十九周	主题辩论：积累知识更重要（正方）塑造人格更重要（反方）	

八年级（见表10-4）：

表10-4　八年级"每月一主题"活动安排表

月主题	周　次	主　题	参 考 视 频
幸福在我身边	第一周	幸福是什么	《图图幸福是什么》

月主题	周 次	主 题	参 考 视 频
幸福在我身边	第二周	感知幸福	《有价值的人生》
	第三周	追求幸福	《追求幸福的小猪》
	第四周	主题辩论：幸福是自己给的还是别人给的	
我能够诚实守信	第五周	诚信是我的第一准则	《守着一份诚信》《啤酒哥的故事》
	第六周	诚信之光	《不说谎话》
	第七周	主题辩论：1. 诚信做人不吃亏（正方）诚信做人吃亏（反方）2. 诚信问题是个人问题（正方）诚信问题是社会问题（反方）	
认识美，坚信美丽人生	第九周	我的人生永远美丽	《助人心里美》《相信自己》
	第十周	向上吧!少年	《洛奇6励志视频》《追梦人》
	第十一周	主题辩论：1. 顺境出人才（正方）逆境出人才（反方）2. 顺境更能让人成长（正方）逆境更能让人成长（反方）	
感谢老师	第十三周	辛勤园丁，孕育花朵	《最美教师张丽莉》《感恩老师》
	第十四周	师恩难忘，永照人生	《感谢老师》
	第十五周	主题辩论：1. 感恩奉献是物质重要还是精神重要2. 感恩奉献需不需要花钱	

月主题	周　次	主　题	参　考　视　频
生命是一种责任	第十七周	生命的意义	《生命的意义》《再多一点》
	第十八周	生命不止，光芒不息	《俞敏洪：像树一样活着》
	第十九周	主题辩论：1. 干好工作，责任心和能力谁重要 2. 坚持梦想，重视责任谁更重要	

九年级（见表10-5）：

表10-5　九年级"每月一主题"活动安排表

月主题	周　次	主　题	参　考　视　频
我能够专注致诚	第一周	集中注意力	《抛掉杂念——专注的力量》
	第二周	专注赢得成功	《专注的力量》
	第三周	我能够专注致诚	《专注应试，赢得中考》
	第四周	主题辩论：发掘人才需不需要考试？	
我能与人和谐共处	第五周	与人友善快乐之本	《人际关系的潜在影响》
	第六周	我能正确与人相处	《周润发：平常心，仍非凡》
	第七周	主题辩论：人与人之间合作比竞争更能使人进步（正方） 　　　　人与人之间竞争比合作更能使人进步（反方）	

续　表

月主题	周　次	主　题	参 考 视 频
我是最棒的	第九周	相信自己，突破自己	《无所畏惧》
	第十周	做最棒的自己	《威尔·史密斯的个人成功秘诀》
	第十一周	自信能否一定成功	
	第十二周	休息	
今天我要学会感谢	第十三周	用爱心感恩世界	《记忆DNA》
	第十四周	日月同辉，爱心同在	《用心感动，用爱感恩》
	第十五周	主题辩论：1. 爱需要回报吗? 2. 爱心是无条件的（正方） 爱心是有条件的（反方）	
明天我更精彩	第十七周	明天的我更精彩	《0号球衣》
	第十八周	努力成就未来	《我是冠军》
	第十九周	主题辩论：1. 有梦想就有未来 2. 青年成才关键是自身能力（正方） 青年成才关键是外部机遇（反方）	

（2）"每日三事"指每天上午和下午第一节课前宣誓、十分钟反思、规划明天的行动目标。

（3）"日周月反思"指每天十分钟自我反思、每周一节课品德周赛小结、每月一节课总结，在此基础上评选月文明学生、文明寝室、文明班级。

（4）每学期开好"法治课"，增强学生的法律意识，自觉遵纪守法。

（5）对学生校服穿着进行管理，增强学生对致远初中的认同感和自豪感，避免学生在穿着上攀比。

3. 丰富课外社团活动

（1）校和县运动会。

（2）跑操和拔河比赛、跳绳比赛。

（3）篮球赛、乒乓球赛。

（4）元旦文艺晚会。

（5）班级合唱比赛、朗诵比赛。

（6）组建校鼓乐队。

（7）办好广播站。

（8）开展国学经典《弟子规》《千字文》诵读活动。

（9）书画作品展。

（10）环保小卫士公益行动。

4. 完善校园文化建设，打造书香校园

校园宣传长廊张贴优秀中华传统文化；班级设立图书角。学生人均藏书不少于2本，图书品种不少于100种。

5. 加强家校联系

建立与家长联系的班级微信群。

6. 加强综合治理

建立警校联系制度、优化治安环境，确保正常秩序。

7. 树立典型，榜样示范

（1）全体教师言传身教。

（2）评选各类优秀学生（三好学生、优秀班干、进步奖、标兵、优秀寝室长）。

（3）吸收优秀学生加入团组织。

8. 编印《寒、暑假自主管理手册》

引导学生过好健康、积极向上的假期。

9. 做好"五好教育"

学习好、吃饭好、走路好、睡觉好、身体好。

10. 开展国旗下的演讲活动

对学生进行励志、责任、爱国、环保、反诈骗、禁毒等教育。

11. 开设心理咨询课

对学生进行积极、主动的正面引导，疏导学生的不良情绪，帮助学生学会自我的心理调节，同时，开设心理咨询室，对特殊学生进行个体差异化心理疏导和教育，帮助他们树立健康的心理。

12. 有序离校

周末放学时，以班级为单位，有序、安全离校，班主任带队，干事在规定地点值日，让学生处处感受到温暖、安全。

13. 做好晨会工作

每两周开好三次晨会，利用晨会时间总结工作，交流经验，提高班主任业务水平。

14. 业余生活

每两周给学生看一次电影（爱党爱国、励志、感恩等），丰富学生的课余生活，培养正确的价值观。

三、德育实施机制

1. 成立学校德育工作领导小组

由校长担任组长，分管政教副校长担任常务副组长，分管教务主任担任副组长，其他行政人员、年级组长、班主任担任成员。领导小组每两周召开一次例会，分析学生德育状况，制定针对性的工作措施。

2. 组建德育教研组

组成人员包括分管政教副校长、政教副主任、团委书记、年级主任、心理教师、政治教师代表、政教处工作人员，由分管政教副校长兼任组长。

年级组长负责落实每周主题教育活动、开发主题活动课程、制作主题班会课件。

3. 完善德育实施制度

制定《学生每日三事制度》，积极引导学生自主管理。

4. 加强德育队伍建设

重点加强对班主任（尤其是新班主任、薄弱班主任）、政教处工作人员、保安、门卫的培训。

5. 完善德育评价体系

修订以下评价制度：（1）"四星"学生、文明班级评定办法；（2）学生操行评定办法；（3）政教处工作人员、保安、门卫、值日班主任工作职责、工作流程和考核办法。

第十一章
党建之基

　　"东西南北中，党政军民学，党是领导一切的。"
教育的千秋伟业必须坚持党的领导！致远初中从创
办到发展，一直很重视党建工作，特别是随着"新
民办教育促进法"等系列教育新政的出台，致远初
中人有着清醒的认识，不断加强学校党建工作，充
分发挥党组织政治核心和政治引领作用，推动学校
思想政治教育和德育工作，确保学校始终坚持正确
的办学方向，全面落实立德树人的根本任务。

"东西南北中，党政军民学，党是领导一切的。"教育的千秋伟业必须坚持党的领导！致远初中从创办到发展，得益于国家的制度设计、政府的支持、社会的需要，得益于学校内部良好的制度体系和治理能力。面对"新民办教育促进法"等系列教育新政的出台，致远初中人有着清醒的认识，不断细化内部管理、提升治理能力，迫切需要进一步加强学校党建工作，发挥党组织政治核心和政治引领作用，推动学校思想政治教育和德育工作，确保学校始终坚持正确的办学方向，全面落实立德树人的根本任务。

　　创始校长叶险雄是一位老党员，他充分认识到民办学校作为社会主义教育体系中的一支特殊力量，必须坚持党的领导，搞好学校的党建工作。学校成立不久，就在上级党组织的领导下，在市县有关部门的大力支持下成立了学校党支部，并亲自担任校党支部书记至今。而学校的管理层和中层干部多数都是党员。党建工作是致远初中学校的立校之本、发展之基。一直以来，致远初中始终坚持正确的办学方向，切实做到为党育人、为国育才，几乎每年都被评为县里的党建工作先进单位。进入新时代，致远初中进一步强化党建核心引领，通过"四加四促"打造"红色引擎"，积极发挥党组织"桥头堡"作用，为学校可持续发展提供了坚强保证，形成了有着致远初中特色的党建工作"品牌"，起到了"强基固本、奋力前行"的根本性作用。

一、党建＋队伍建设：机构完善、职责明确，强化管理、促进发展

一些民办学校，甚至是一些公立中小学，"抓教学是行家，抓党建是虚家"，党建工作虚化。致远初中切实做到了抓好党建促发展。首先是党的组织建设到位、完善，分工明确、责任到位，将党建工作紧紧融入学校的全面工作中去，以党建带动学校整体工作的发展。董事长叶险雄任学校党支部书记，主持党支部和学校的全面工作；一名党员骨干任党支部副书记，负责党建、团委、少工委、信息技术和关工委等工作；纪检委委员负责总务、保险、宿舍管理、纪律检查、党费收缴等工作；组织委员负责组织关系、党员发展、妇联工作和英语教研等工作；宣传委员负责党建宣传、党务公开、支部活动、宣传报道等工作；同时党支部副书记还配有一名党务专干，纪检委员、组织委员、宣传委员等党支部领导都配有党员老师，将工作延伸到具体的各项工作中去，形成了强有力的党员干部、老师"网络化"治理的工作路线图，保证了学校育人工作和党建工作的"同频共振"。

在日常工作中充分发挥党员干部、老师的先锋模范作用，党员切实做到"四带头"：带头做到爱岗敬业，带头做到业务精湛，带头做到工作务实，带头做到廉洁从教。在党员教师中开展"讲、比、看"等活动：讲师德、讲责任；比水平、比能力；看成效、看实绩。在各项工作中党员走在最前面，充分发挥了党员头雁效应。

二、党建＋文化建设：立德树人、弘毅致远，探究真理、心灵高尚

董事长叶险雄立足学校现实，放眼未来发展，一直心兹念

兹地谋划着怎样提升学校的文化品质，以文化涵养学校发展，以党建促进文化发展。为此他聘请老党员、老专家深入调查学校的发展历史、了解学校的教育教学情况，在充分调查研究的基础上凝练学校的核心文化、管理文化、育人文化、校园文化、办学理念、办学定位、办学目标，打造致远初中的"党建＋文化建设"品牌：以"立德树人、弘毅致远"为内核，奋力打造"校园文化"。立德树人是我们教育的根本任务，立德就是要坚持德育为先，通过好的教育引导人、感染人、激励人；树人就是坚持以生为本，通过合适的教育塑造人、改变人、发展人。"弘毅致远"是致远初中的执着追求，"弘毅"就是致远初中人要有远大的理想追求、坚强的品质意志；"致远"就是致远初中人要心怀抱负，奋力向前，把致远初中建设成党组织放心、老百姓称赞的好学校。

教育满含着"教"和"育"的哲学思想，如何"教"和如何"育"博大精深、探究无穷。致远初中在打造"党建＋文化建设"的品牌工作过程中，着力追求在管理文化上打造"制度为纲，文化为魂"的品质文化；在育人文化上营造"探究真理，心灵高尚"的人文品质；在校园文化上以"书香校园，阳光少年"为执着追求，努力做到立教有爱、立学有成、明德博学、弘毅致远。

致远初中在党员老师的带领下不断深化教育教学改革，努力做到全面育人、全过程育人、全方位育人，他们探索开展"一四六"教学法、阳光德育体系建设等探究式教育教学改革的目的就是为了鼓励、引导学生善于独立自强、善于独立思考、善于体会感悟，引导学生向着追求真理、高尚心灵的方向努力，为每个学生的成长、成才奠基。

三、党建+课堂改革：党员带领、减负增效，分层优化、整体提升

义务教育初中阶段是坚持"为党育人，为国育才"极为关键的一个教育时期，这个时候学生们的世界观、人生观、价值观正在初步形成，"立德树人"怎样贯穿于教育教学的全过程中是教育者必须认真对待的大问题，是唯成绩论、唯分数论，还是树人先立德，让学生在教育教学中健康成长，考验着教育者的智慧。致远初中着力探索"双减"政策下的教育新模式，切实做到"以生为本"，立足课堂主阵地，引导教师实现由"讲堂"向"学堂"的转变，规定布置作业分层次、适量有效，切实解决学生课业负担过重的问题；实行党员领导、党员教师分年级，党员老师和学习困难学生结对制度，切实打通"立德树人"问题在课堂教学的最后"一米"：在减轻学生课业负担的同时，加强德育、美育、劳育的分量。

一是在德育上，铅山有着丰富的红色文化和古色文化资源，致远初中把红色文化、古色文化引进校园，令其走进课堂，进入学生的心灵，用红色、古色文化引领学生健康成长，为孩子们提供一个"红色、古色"的文化校园，感受红色和古色文化的魅力，使红色文化——革命先进文化、古色文化——传统优秀文化，真正成为育人的营养。

二是在美育上，聘请美学专家进课堂，讲授美的力量、美的内涵、美的欣赏；创作致远学校校歌，唱响"明德博学，弘毅致远"主旋律；将高雅文化引进校园，进入课堂，让学生学会欣赏传统京剧、交响乐，体味高尚的美；进行传统文化经典诵读，分年级吟诵《弟子规》《千字文》；举办红色文化"读讲唱行"活动周，诵读《可爱的中国》《清贫》，诵唱《我和我的祖国》《故乡

情》《走进新时代》等红色经典歌曲。

三是在劳育上，请专家讲授劳动的意义、劳动的价值、劳动的伟大；学校专门租用劳动基地，聘请生产技术人员，分年级开设劳动生产课程，通过学生动手动脑，出汗流泪，真正体会劳动光荣、劳动辛苦、劳动创造生活、劳动创造世界、劳动创造未来。

四、党建+师生成长：自主管理、家校联合，个性培养、帮扶困难

学校是师生的天地、人才的摇篮。致远初中坚持抓党建，促进师生共同发展。他们积极探索"走出去、请进来、自研学、抓师德"路径，将党建根植于广大师生之中。"走出去"，就是组织教师走进名校、走进社会、走进学生的家中。走进名校，让老师零距离体会名校的教学、名校的治理、名校的课堂，从体会里觉悟；组织教师走进社会、了解社会，直接体验广大百姓对好教育的渴望；提倡教师走进学生家里，进行深入的家访。组织学生走出校园，走进红色教育基地，接受爱国主义现场教学，走进鹅湖书院等古色文化基地，接受传统文化的教育。

"请进来"就是聘请专家学者来致远初中把脉会诊，提升学校的文化层次，开设高层次专家讲座，让师生享受高水平的文化大餐；请党史党建专家进校园，开设党史专题课，让师生在聆听各种专家讲授的过程中，开启智慧大脑，提升发展水平。

通过抓党建，提升师生自主管理能力和水平。在教师中倡导"自研学"，提升教学能力，下一步将在教师的学术能力、教学研究、课题申报上着力，培养一批既是教学行家、又是教育专家的教师，使致远初中的教师队伍更加优秀，教育教学再上台阶。强

化学生的自主管理能力，提高学生的独立生活、学习思考水平；强化家校联合，打造"同频共振"家校育人共同体。

个性化培养一直是中外教育者努力探究的教育课题，致远初中在全面提升教育教学质量的同时，由党员干部、党员老师带头，组成个性化培养项目小组，有针对性开发学生潜质能力。对家庭困难、学业困难的学生由党老师带头，进行一对一的帮扶，不让任何一个学生掉队，促进学生全面发展，促进师生共同成长。

五、党建＋四个促进：促文化提升、促服务优化、促校园改造、促团少建设

致远初中通过持续强化党的建设，促进各方面工作上台阶、出成效，充分体现了学校党建在学校工作中"定海神针"的作用，形成了致远初中党建的特色品牌："党建引领，四加四促"，在"四加"的基础上聚焦"四促"，即党建引领、党员带头、促进学校文化建设。党支部书记、董事长叶险雄深刻认识到，学校要进一步发展，要从好学校向名校迈进，必须着力提升学校文化建设，进行学校文化的聚集，进行"文化致远"的打造；同时投入上千万的资金对校园进行全面改造，为校园文化建设奠定必备的硬件，优化环境育人、文化育人的教育生态环境。加强后勤服务建设，党员带头，服务提升，将服务育人落实到具体的日常工作过程中，使教师安心教书育人，学生安心读书成长。

学校党组织高度重视共青团工作和少先队工作，由党员骨干老师引领，以党建促团建、以党建促少建，进一步完善团组织和少先队组织建设，规范团代会、少代会的召开，举行新团

员入团仪式、少先队入队仪式，使青少年在入团、入队时有庄
重感、荣誉感、责任感、先进感，积极开展青少年志愿服务、
红色研学活动，在活动中引导学生树立正确的人生观、价值观，
激发广大青少年的历史责任感、时代使命感，知道如何读书、
怎样成长。

第十二章
论中国教育的"道"与"器"

　　经过近一年时间的调研、写作,《致远初中学校文化概览》终于即将完工。在这期间, 我一直在思考中国教育的"道"与"器"问题——从孔子开始,中国教育总体上是重"道"而轻"器"的, 近代以来才开始重视"器"。特别是中国共产党成立后, 我们的教育不断探索"道""器"相济问题。致远初中之所以发展得好, 正是叶险雄先生准确把握了教育"道"和"器"的关系, 因此我们把《论中国教育的"道"与"器"》一文作为本书的"收尾"之笔,也算是"点睛"吧。

教育是一个社会高度关注的永恒话题。尤其在当代，社会竞争激烈，教育问题频出。厘清教育的概念和本质，是思考解决一切教育问题的前提。在中国，"教育"一词最早出现在《孟子·尽心上》中，"得天下英才而教育之，三乐也"，意为"教"和"育"。现代英语中"教育"一词的词源是拉丁语"educare"，意为"引导出"，即采用一定的方法手段把潜藏在人身上的东西引导出来并变成现实。随着教育学作为一门学科的兴起和发展，人们从概念上对教育进行了阐释和定义。关于教育的定义，学界有多种多样的表述，笔者较为赞同这样定义教育：教育是在一定社会背景下发生的，促进个体社会化和社会个性化的实践活动。关于教育的本质，简言之，就是指教育作为一种社会活动区别于其他社会活动的根本特征——有意识和有目的地开发人的潜质，促进个体社会化和社会个性化。

一、中国古代教育的道与器——重道轻器的传统

中华民族是世界上最重视教育的伟大民族。在长期的教育探索和教育实践中，形成了一整套具有中国特色的教育思想、教育理念、教育智慧、教育理论体系，她们如同美丽的星辰闪烁在人类文明的星空中。如老子的《道德经》、孔子的《论语》、荀子的《劝学》、韩愈的《师说》，还有专门论教育的《学记》《大学》等。当我们仰望中国教育文化璀璨的星空，品绎中国教育的伟大智慧时，总有一个绕不开的话题——中国教育的道与器关系问题。

（一）中国教育源流中的道器关系

教育伴随人类社会的产生而产生，随着人类社会的发展而发展，继而因人类社会的复杂而复杂。人类起源，社会形成，为了繁衍、生存和发展，便出现了教育这一社会现象。教育在初始阶段，是生产和生活的一部分，在生产劳动和生活场所"办学"的，氏族中的成年人、家长则是儿童的"老师"。随着生产力的发展和人类自身的进化，人类从穴居时代走向氏族公社阶段，教育的目的和功能进一步延展：接受教育不单是为了学习生存、生活、生产的基本技能，还有适应社会、作用于社会、发展个人技能、传承传统和价值观的功能。

随着文明的发展，人类社会出现了不断细化的分工，教育也从家庭式、学徒制走向集中制、学校制，形成并逐步完善教育思想、教育文化、教育哲学和教育理论。

中国文化博大精深、兼容并包；中国古籍经典言简意赅、意蕴万象。比如，《周易》《论语》《老子》《墨子》等，既是中国文化的源头，也是中国教育哲学的精神之源。中国的哲学讲究"道"与"器"的辩证统一，中国的教育也处处体现"道"与"器"的内在关系。《周易·系辞·上》有云："形而上者谓之道，形而下者谓之器。""道"指一切事物的本质和规律；"器"作为"道"的"他者"，则是指各种派生、有形的或具体的事务。可以说"道"是辩证法，"器"是方法论；"道"是"水源"，"器"是河流；"道"生"器"，"器"载"道"，两者相互依存，辩证统一。

（二）孔孟道器教育理念引导教育走向

中国教育的先圣先师孔子是教育的道与器的最早探索者和集大成者。作为儒家学派的创始人，孔子的思想核心是"仁爱"即"仁者爱人"。表现在教育思想上是"有教无类"，即教育的人民性和民主性，开创了教育平民化的新路向；"仁者爱人"还体现在教育理念上——孔子最基本的教育目的是培养心目中的"士"，但在教育的实行过程中又表现出"宽仁"，即根据教育对象的不同，既培养"士"，也有针对性地培养其他人才，即"因材施教"。孔子对教育的道与器有着深刻的思考、总结和践行，认为教育最高的境界是"道器统一""以道率器"，"以器载道""道器相济"。孔子说，"朝闻道夕死可矣"，"君子忧道不忧贫"，"道不同，不相为谋"。孔子崇尚道，道是根本，起引领作用，在重道的同时，也重视器。孔子认为一个人要能生存于世，除了有高尚的道德修养，还必须要有安身立命的本领。他以工匠为例说："工欲善其事，必先利其器。"为了培养好德才兼备、能文能武的国家和社会所需要的人才，孔子经过长期的探索，和他的弟子后人们开创了中国教育最早的课程体系，概括而言即"六经六艺"——《诗》《书》《礼》《易》《乐》《春秋》，礼、乐、射、御、书、数，欲培养出全面发展的复合型人才。

孟子继承和发展了孔子的教育思想。孟子的政治思想核心是"仁政"，表现在教育上就是"求良知"和"立远志"。孟子说："学问之道无他，求其放心而已矣。"孟子是性善论的倡导者，认为人人的内心都有天赋的善性，只是受外界诱惑可能会一时丢失，教育就是要"求其放心"，即通过教育守住善良的心，培养并加强善良的品性，并在社会上发扬光大。孟子还特别重视受教育者的立志有为。孟子说："夫志，气之帅也；气，体之充也。""志"即意志、志向、理想，"气"即精气神，是一种精神力量。孟子认为人是要有一种精神的，而精神力量需要意志、志向、理想统帅，所以孟子不断倡导"养吾浩然之气"。孟子谈教育的道与器讲究的是要培养学生善良高贵的品格，引导学生树立崇高伟大的理想，从而为国家、民族、社会贡献自己的聪明才智。

孔孟的教育思想和实践对中国教育产生了深远的影响。孔子既重视道也重视器，孟子则把道作为第一性的，而器居于为道服务的次要地位。受此影响，中国教育逐渐偏向重道而轻器，虽然一方面有利于培养一代又一代的儒家文明的继承者、维护者，为中华民族的文化发展、社会治理作出了贡献，延续了中华文脉，另一方面又严重影响了中国古代科学技术的发展。特别是汉代的"独尊儒术"和宋明理学的兴起，中国教育的"道"走向了极端，几乎只讲道而不讲器了。

（三）儒学的两次改造确立教育重道轻器

秦统一后，推行强权政治，重权力、轻民心，导致二世而亡。汉朝统治者吸取教训，认识到"取天下"与"守天下"的不同形势任务，注重维持政权稳定。汉武帝时期董仲舒于元光元年（公元前134年）上书"推明孔氏，抑黜百家"的治国建议，得到武帝采纳，并以"罢黜百家，表彰六经"为国策推行。由于六经是记载三代、春秋时期的政治、文化的总结，是孔子及其弟子整理的中国文化的根本典籍，因此汉代的治国方针与文教政策也被称"罢黜百家，独尊儒术"。这种以儒术求官取士的教育与政治模式开中国之先河，奠定了中国古代长期以儒家思想为主导的格局，影响了此后各代封建王朝长达两千余年，对我国文化教育事业的发展和民族共同心理的形成产生了深远的影响。

董仲舒通过提出人性"三品论""纲常学说"，又强调"正义明道"等道德教育思想，改造原始儒学为政治化的儒学，适应了汉朝统治者专制统治需要。在董仲舒的建议下，汉武帝立儒家经典为官方学说，保障了民众思想的统一，清楚了纲纪；兴太学，以单一的儒家经典《诗》《书》《礼》《易》《乐》《春秋》为教育的基本内容，保证了经学传承；开科目，行察举，以儒家德才标准选官任官。从此，儒术成为国家培养和选拔人才的主要标准，以儒术求官取士的教育与政治模式由此形成。单一的儒家经典蕴含了育人的一般原理，是一种形而上的本体论、价值论和方法论的一般哲学思考，即我们说的"道"，蕴含丰富的教育智慧。但面对具体的、实际的、现实的问题时往往需要专门的知识即"器"作为解决的方法，但因汉朝起以儒术求官取士的模式奠定了文人重道轻器的基调，教育知识生产与教育实践在维度、层次与内容上简单而枯燥。

到了宋代，儒学思想吸纳佛、道思想集结成为理学，主要代表人物为张载、程颢、程颐和朱熹。朱熹汲取并改造张载哲学"气"本体论，继承发展了"二程"的"理本气化"学说，开创朱子理学。他第一次以"四书"之名将《大学章句》《中庸章句》《论语集注》《孟子集注》四书合刊编成《四书集注》，重建了儒家经典体系，成为元明清三代的官方哲学，直到清末废除科举制度为止，朱子之学统治中国思想界、教育界长达八百年之久。朱子理学"存天理，灭人欲"的封建伦理道德规范，深刻地影响了中国封建社会后期的传统思想文化，其《大学》中"即物穷理""格物致知"哲学论与《小学》全书以说理和实证更是体现朱熹培养"君子""圣贤"以达到"修齐治平"目的的教育思想，以形而下之器穷形而上之道理，重道轻器成为中国封建社会后期的底色。

二、中国近代教育的道与器——抑道扬器的转型

近代中国多灾多难。第一次鸦片战争，西方列强的坚船利炮轰开了中国闭关锁国的大门，一个自诩为天朝上国的封建大国沦落为半殖民地半封建国家，本以"道"治国的王朝从此风光不再、风雨飘摇。国人开始反思：强大的中华帝国何以迅速衰弱，

而那些曾经被视作"蛮夷"的国家、甚至曾经跟在强大的中原王朝身后，亦步亦趋地走了一千多年的日本何以能对我中华虎视眈眈、野心勃勃？面对列强的步步凌逼，以龚自珍、魏源、林则徐等为代表的封建地主阶级改革派冲破传统学术重道轻器的樊笼，提出"不拘一格降人才""经世致用""师夷长技以制夷"，打破了经学至尊的地位，建立了向西方学习的教育战略指导思想。由他们开创的鸦片战争时期抑道而扬器的转向，拉开了中国教育近代化的序幕，一场新教育变革在国破家亡的倒逼中起航。

清末以来，凡欧美传来之学，包括自然科学、经济、社会、政治等学说，都统称西学，主要是"科学、民主、自由、平等"等概念，最后形成古今中西文化的交汇。从清朝末年到新中国成立初期，教育运动经历了若干次具有历史意义的演绎：洋务教育思想——务采西学，改革科举，建立新学，中体西用，派遣留学生，提出科学教育思想和制度。改良、维新思想——教育为本，引进西政与西体，改革旧教育，建立新教育。辛亥革命教育思想——革命而非改良的教育主张，建立新式学校，刊行革命读物，确立民国教育方针，公布"壬子癸丑学制"。"五四"新文化教育思想——养成健全人格，发展共和精神，发起白话文运动、新文化启蒙，提倡思想自由、兼容并包，主张体育、智育、德育、美育并列，以美育代宗教，反传统，打倒孔家店。

（一）务采西学、改革科举

魏源等人主张"师夷长技"，主要是学习使用军事技术。第二次鸦片战争惨败后，面对"数千年未有之变局"，冯桂芬、王韬、郑观应、张之洞等人感受到了了解西方、学习西方的必要性。冯桂芬、王韬等提出"以中国之伦常名教为原本，辅以诸国富强之术"，"形而上者中国也，以道胜；形而下者西人也，以器胜"，办洋务、图自强，主张"中体西用"，培养新式人才以应付民族危机。他们发起的这场以富国强兵为目标的洋务运动，先是在中国大地上举办以外语学堂、军事学堂、技术学堂为主的洋务学堂，后又派员出国开展留学教育，为中国社会和教育的现代化创造了条件，开创了中国近代教育。"中体西用"思想为西学在中国的传播和发展争取到空间与合法地位，推动了中西文化教育的结合，孕育了中国新型知识分子和科技人才，促进了旧式学堂向近代学校的过渡。

（二）改良维新、西学东渐

洋务运动推动中国教育向近代形态迈进了一小步。在洋务运动中逐渐成长起来的早期改良派进一步发出文化教育改革呼声，为近代教育的探索奠定了思想基础。早期改良派提出"兵战不如商战，商战不如学战"的思想，要求对政治、经济、文化教育进行全面改革，主张更全面深入地学习西学和思考中学与西学的关系。主张学习包含西方的自然科学、工艺（技术）和社会科学的诸多学科；并倡导改革科举制度，复归学校教育职能；提议建立近代学制，倡导女子教育等。甲午战争后，民族危机加深。洋务派求强未成激发了人们探寻真正有效的救国之道。以康有为、梁启超和严复等为代表的维新派因此形成。维新派希望进行自上而下的改良，建立君主立宪的政治体制，使中国走上资本主义道路。教育成为宣传维新、培养人才的重要手段。大量学会、报刊的兴办将新思想、新文化向民众传播普及，京师大学堂等新式学堂的开办和改革科举的呼声对封建传统教育产生了强大冲击，形成了"人人谈时务，家家言西学"的社会风气。

（三）废除科举、学制更新

改良运动和维新运动初步形成了近代中国普及教育思想的观念体系。1900年八国联军攻陷北京，清廷仓皇西逃，举国震惊。为了支撑岌岌可危的政权，处于逃亡中的清政府于1901年宣布实行"新政"，教育改革是其中的重要内容。它将诸多维新派教育家提出的教育设想付诸实践，进一步推动了中国教育的现代化发展。从1902年《钦定学堂章程》（壬寅学制）到1904年《奏定学堂章程》（癸卯学制），再到1905年废除科举，彻底的教育体制的改造让中国面貌一新。1911年，辛亥革命推翻了清朝二百多年的统治，也结束了中国延续两千多年的封建专制统治，建立了资产阶级民主共和国，中国翻天覆地的历史剧变，直接引发了中国社会各项事业的全新变革。中国教育也在不断变革和探索，民国初年壬子癸丑学制和课程标准的颁布就是探寻适合中国国情的社会和教育出路的重要举措。

（四）全盘否定、抑道扬器

辛亥革命后，民主革命的果实为保守势力所窃取。袁世凯复辟帝制，提倡尊孔读经，形成复古逆流。以陈独秀、李大钊、鲁迅、胡适等为代表，在思想领域兴起一场反封建的新文化运动。在民主和科学旗帜下，人们批判传统，思想得到解放，教育观念发生深刻变革。从1915年开始的新文化运动冲击和批判了北洋军阀统治下的封建复古主义教育，极大地推动了中国新教育的改革运动。他们把批判的矛头集中指向封建主义的正统思想——儒学，以进化论的观点和个性解放思想为主要武器，猛烈抨击以孔子为代表的"往圣前贤"，打出民主和科学两面大旗，反对专制和迷信，提倡新道德、反对旧道德，提倡新文学、反对旧文学，提倡白话文、反对文言文，自觉地向封建礼教提出全面挑战。到1919年五四运动前后，具有初步共产主义思想的知识分子开始用马克思主义观点作为批判的武器，使斗争更为深入，形成了彻底地反对封建文化的运动。这种对中国传统文化的全盘否定呈现出了中国近代教育与传统教育截然不同的一面：抑道扬器。

　　虽然作为世界上教育产生最早且最发达的国家之一，中国近代教育却不是中国古代教育的自然延伸和发展，而是中国社会走向近代化的产物。它萌生于中国社会结构发生剧烈变革的清朝末年，是在西学东渐潮流的冲击下发展起来的。可以说，中国现代教育的直接起源的是西方的教育的移植（新式语言、技术、军事学堂的创办与发展）而不是中国传统意义上的书院和科举。其发展过程曲折，因为中国教育近代化是在清末、民国社会极为动荡时期完成的。晚清时期，中国教育在外力撞击和内力驱动下逐步更新、依次递进——先是拓宽教学内容，将西方器物文化引入中国，对传统教育实施功利性选择的有限改革；继而由表及里，随着中国社会对西洋"长技"认同和西方教育认识的逐渐加深，感到有改革学制，即从根本教育制度上进行改革的必要。具体而言，中国教育器物层面的近代化即是自然科学开始进入课堂；制度层面的近代化则是指"废科举、改书院、兴学堂、建学部"等——器物层面和制度层面，归结起来还是属于"器"的范畴，而教育理念，或称作"道"却突然落寞。中国近代较好地移植了西方的教育之"器"，却没有很好地继承中国传统教育之"道"。中国教育在近代的转型，尽管在过程和目标上都指向以西方教育为蓝本的现代教育，但也有以传统教育的改造和承袭为基础和前提作为教育的底色。新文化运动期间，随着西学输入步伐和规模的迅速加大，传统文化遭到了更为猛烈的撞击。清末新政、民国政府初期、新文化运动中教育改革导致了中国传统教育制度的解体并推动了近现代教育形态的建立；中国传统儒家教育之道的落寞与西方现代民主教育之道的抬头成为近代中国教育之道的表现；借鉴西方教育体制制度的中国教育之器在一定程度上奠定了中国教育发展的基础。

三、革命时期中国共产党教育的道与器——以道导器的探索

"五四"运动以后，无产阶级和中国共产党登上政治舞台。他们意识到，马列主义的传播和革命运动需要充分发动工农阶级，而现行教育体系几乎将工农阶级排除在外。因此，早在1921年中国共产党成立之前，已有党的早期组织成员为培养运动骨干、宣传马克思主义，建立国内外党的宣传教育阵地，创办了如外国语学社、长辛店劳动补习学校、工人夜校、平民教育演讲团等一批党的教育机构。自1921年中国共产党正式成立起，党领导的教育事业成长史与中国共产党的百年奋斗史紧密相连，共同绘就了一幅中华民族奋发图强的生命图谱。

中国共产党是用马克思主义理论武装起来的政党，马克思关于人的全面发展的理论对党的教育思想有深刻的影响。党从成立之初就特别重视教育对人才的培养。虽然处于战争年代，仍然举全力兴办教育培养人才，坚持以政治思想、马克思主义理论为"道"，着力培养革命各项事业需要的各类人才，为中国革命和建设奠定了坚实的基础。

（一）破除帝国主义在中国土地上的教育"布道"，收回教育权

在当时的中国大地，帝国主义在中国创办的教会教育已经形成了一个完整的侵略网，并且自成一个包括幼儿园、小学、中学、师范、专科学校、高等学校的完整体系。教会学校以英、美、法等国在福建、广东、江苏、山东等地开设为最多，占当时中国学校总数的百分之七强，学生总数占当时全国学生总数的百分之五，其中教会大学学生数约占全国大学生总数的20%。经过五四反帝反封建斗争的洗礼，中国人民进一步觉醒，认识到只

有将帝国主义及其帮凶赶出中国，国家才有独立和富强的希望。同时，自辛亥革命以来，西方的科学文化思想传入中国，冲击了中国旧有思想、理论和制度，并影响到对中国整个文化的估计，其中包括对宗教的再认识。早在五四时期的1917年，爱国知识分子蔡元培等人已撰文《以美育代宗教》反对宗教教育。1921年3—8月，党的早期领导人恽代英、李达等人在"少年中国学会"创办的《少年中国》中《宗教问题专号》发表了关于宗教问题的译著，倡导破除宗教迷信。《新青年》也就宗教问题展开讨论，结论是新的中国不需要任何宗教。然而，1922年年初，教会无视中国人民的反帝反教情绪，鼓吹成立"世界基督教学生运动"，又继而提出"把中国建设成一个基督化的国家"，引起社会反感，一场对宗教的批判便发展为反对基督教的运动。在这个过程中，1922年3月，中国社会主义青年团的倡导组织成立非基督教学生同盟，公开揭露基督教的反动本质，指明战斗的矛头是基督教背后帝国主义侵略的野心。1922年7月，党的二大通过中国共产党纲领性质的《中国共产党第二次全国代表大会宣言》，其中首章"一、国际帝国主义宰割下之中国"中一针见血地指出："帝国主义者还贿赂中国的官僚政客，派遣许多的顾问牧师，出版报纸，设立学校——这是企图更顺利的达到他们贪婪掠夺的目的。"为了中国的真正解放，该宣言"（七）制定关于工人和农人以及妇女的法律"项下明确提出两条教育纲领："废除一切束缚女子的法律，女子在政治上、经济上、社会上、教育上、一律享受平等权利；改良教育制度，实行教育普及。"二大宣言的指导意义是不言而喻的，它彻底揭露了帝国主义在中国办学的侵略本质，撕掉了它"传教""关怀""帮助"的伪善面皮，敲响了警钟，成为教育战线上反封反帝运动的灯塔。1923年6月，党的三大通过《中国共产党党纲（草案）》，其中"九、共产党之任务"

一章中指出"实行义务教育，教育与宗教绝对分离"，表达了不容涉外势力干涉中国教育、办好自己的教育的坚定决心。汹涌澎湃的反对教会教育收回教育权运动在1925年五卅反帝爱国运动中达到高潮，全国各地开展的反教会教育斗争与反帝大浪潮一道汇成波澜壮阔的革命巨浪。

（二）创办无产阶级自己的教育，探索中国共产党的教育之道

1921年7月，中国共产党第一次全国代表大会通过《中国共产党任务的第一个决议》。《决议》指出党在当前的主要任务，是大力发展工会组织，加强对工人群众的马克思主义教育。"工人学校应逐渐变成工人政党的中心机关"，"学校的基本方针是提高工人的觉悟，使他们觉得有成立工会的必要"。党的一大，虽然没有提出党的教育纲领，但充分认识了教育在无产阶级革命中的重要性，明确了教育应成为工人运动和革命斗争服务的工具。在此后陆续成立的各级学校中，革命问题、马克思主义相关理论成了讲习的主要内容，讨论问题时特别注意联系中国的实际情况。

党的一大以后，毛泽东回湖南建立了中共湘区委员会。1921年8月，毛泽东、何叔衡利用长沙船山学社的社址和经费，创办了湖南自修大学。李达任校长，设有文科及政治经济科两科，招生面向广大平民。湖南自修大学的学生不仅讨论马列思想问题、阶级斗争与政党问题，还强调劳动教育，引导学生积极参与社会斗争，如纪念马克思的集会、群众反日游行等。湖南自修大学被誉为"第一所中国共产党干部培训学校"，至1923年被查封前为早期中国共产党培养了大批人才，革命烈士毛泽民、夏明翰、陈佑魁、夏曦等，都曾经是自修大学学生。湖南自修大学在宣传马克思主义、培养革命运动的干部和提倡理论联系实际的革命学风方面，是共产党人对传统教育改革的尝试，为我国教育特别是干

部教育提供了宝贵经验。

创办于1922年春、1922年10月正式开学的上海大学是党领导的另一所革命的高等学校。该校由陈独秀、李大钊倡议成立，于右任、邓中夏、瞿秋白分别任校长、总务长、教务长。开办时设有社会科学、文艺院学院两个学院，社会科学院的社会学系和文艺院的中国文学系、艺术系是重点系，还拟在六年内分三期办全十六系，即经济、政治、法律、社会、史学、哲学、心理、教育，以及中文、英文、俄文、德文、法文、绘画、音乐、雕刻。瞿秋白、陈望道、恽代英、萧楚女、张太雷、杨贤江、沈雁冰、郑振铎、蒋光慈、施存统等党的早期青年运动领导人、爱国知识分子都担任过教员，力图"切实社会科学的研究及形成新文艺的系统"，培养社会科学及新文艺两方面的战斗干部，让他们担负起改变"模仿的急功近利的政治制度"和改变"渐次崩坏"的"中国旧式的文化生活"，化"空论的社会主义思想"为投入革命斗争的"实际行动"。革命的上海大学锐意革新，又在党中央和学校党支部的正确领导下，在反帝国主义大浪潮中和在北伐战争反封建军阀的斗争中站在革命的前线，成为五卅运动中的一面鲜明的旗帜。终于在1927年5月2日，上海大学为国民党反动派查封，学生解散，校舍被没收改办，于1932年"一·二八"事变中为日帝炮火所毁。作为党领导的一所新型人民大学，上海大学的历史贡献是显著的：系统地研究社会科学，批判地吸收发扬了十月革命和五四运动以来人文社科新趋向，形成新中国新社会所需要的学科体系；马克思主义在"革命""爱国"的上海大学得到了系统而全面的宣传，大量爱国青年投身革命。

1924年，国内的国民革命运动发展势头正盛。1924年7月，为配合即将开始的第一次北伐战争，开展全国性的农民运动，在彭湃等人的倡议和毛泽东的主办下，一所以"唤起农民觉悟、培养农民运动干部"为主要目标的学校——农民运动讲习所应运而生。第1届至第6届的农讲所都地处广州办学,第7届起在武昌办学。农讲所秉承政治教育与军事训练并重、课堂教学与社会实践结合的教育理念。在管理体制上,农讲所对全体学员实行全军事化管理,并对学员的学习、训练、勤务等方面都作出严格规定。第4届农讲所颁布的《军事训练规则》中明确要求,"为熟习军事动作养成军人习惯起见,除教普通学科时间外,学生一律准军人生活动作"。在教学方法上,农讲所坚持政治理论与革命实践的有机融合。以第6届农讲所为例,除在课堂上讲授《中国农民问题》《社会问题与社会主义》等共计二十五门课程外,农讲所也号召学员积极参与社会运动,如旁听广东第二次全省农民代表大会、参加广东各界援助英国工人罢工斗争大会等。农民阶级是中国革命最广大的动力,是中国革命的主力军。有志从事革命的这样一大批青年学子,将农民运动的火种播撒到全国各地,南昌起义、秋收起义、广州起义等武装斗争背后,都有着农讲所师生的身影。农讲所的成功举办,不仅为中国革命培养了一大批农运人才,也为后来中国共产党井冈山革命根据地的开辟、红军的建立乃至苏维埃政权的诞生贡献了自己的力量。

(三)在中央苏区探索人民教育之道

第一次国共合作失败后,中国共产党为了挽救革命,将工作重心转向了农村,建立了井冈山革命根据地,成立了中华苏维埃共和国临时中央政府。当时,无论是普通百姓,还是革命干部,文化水平和军事水平普遍落后,极大地影响了革命工作。教育强党、教育强国是党一贯的理念。1931年11月,《中华苏维埃共和国宪法大纲》颁布,其中第十二条"中国苏维埃政权以保证工农劳苦民众有受教育的权利为目的,在进行阶级战争许可的范围内,应开始施行完全免费的普及教育,首先应在青年劳动群众中施行，并保障青年劳动群众的一切权利，积极的引导他们参加政治的和文化的革命生活，以发展新的社会力量"。1933年10月中央苏区文化教育建设大会通过《苏维埃学校建设决议案》，其中规定：实行平等教育，普遍扫除文盲，普遍进行义务教育，培养工农政治、军事、工业和文化教育人才。建立四类学校。第一类是以消灭文盲为主要任务的夜校和星期学校，以提高青年和成年人生活知识和技术为主要任务的短期职业学校，以提高青年和成年人政治水平和了解实际问题能力为主要任务的短期政治学校，以培养初级教员为主要任务的短期训练班。第二类是劳动小学，培养共产主义新后代。第三类是培养劳动小学教员的列宁师范学校，培养从事工业、农业及其他职业的干部及管理人员的职业学校，培养中级干部的政治学校和造就专门艺术人才的蓝衫剧团学校，这些学校由中央或省建立，学制1至2年。第四类是培养专门人才的大学。另有1个月毕业的教员训练班18所，中学2所，高等列宁师范1所和教育干部班。1934年1月，毛泽东在第二次全国苏维埃代表大会上所作的《中华苏维埃共和国中央执行委员会与人民委员会对第二次全国苏维埃代表大会的报告》中，总结了中央政府成立以来苏维埃运动在各方面的宝贵经验，提出了当前的具体战斗任务，其中明确提出了苏维埃文化教育的总方针"在于以共产主义的精神来教育广大的劳苦民众，在于使文化教育为革命战争与阶级斗争服务，在于使教育与劳动联系起来，在于使广大中国民众都成为享受文明幸福的人"和苏维埃文化建设的中心任务"是厉行全部的义务教育，是发展广泛的社会教育，是努力扫除文盲，是创造大批领导斗争的高级干部"。

中央苏区的教育是人民大众的、新民主主义的教育，具有鲜明的时代特点和革命特殊性。在苏维埃红土地上，为适应革命发展"战时办学、快速实用"的需要，中国共产党创立了崭新的教育制度和教学制度，紧抓党的思想政治教育、儿童教育、工农业余教育、干部（党、政、农、军）教育、红军教育、妇女教育、职业技术教育、师范教育、社会教育、法制教育、高等教育，并在教材建设方面取得了相当大的成就。

（四）抗日根据地广泛办教育，开创抗日救国人才培养的光辉大道

抗日战争时期，中国共产党在解放区建立了人民民主政权，实行减租减息，从政治上和经济上解放了人民，创造和发展了为抗日战争服务的人民教育。陕甘宁边区乃是中国共产党中央所在地，抗日战争爆发以后，它成为八路军、新四军和一切抗日力量的总后方，成为全国抗日力量的指导中心，边区的教育工作的经验成为全国的先进表率。

党在抗日战争时期的教育方针和政策是推翻半封建半殖民地性的旧教育制度，改革旧的教育内容，实行为抗日战争服务的新教育制度和新的教育课程。这种教育要求从解放区的政治和经济的现实状况出发，以提高和普及人民大众抗日知识技能和民族自尊心为中心，密切结合生产劳动和群众生活的需要；要求在教育工作中贯彻统一战线的政策和群众路线的方法；要求把干部教育置于首要地位，使其成为教育系统的核心。党的领导和无产阶级思想的领导则是贯穿党的教育方针政策的核心。在党的教育方针政策指导之下，抗日根据地无论在干部教育或群众教育方面都取得了巨大的成绩。高等教育机构及干部学校有中国人民抗日军政大学、陕北公学、鲁迅文学艺术学院、中国女子大学、泽东青年干部学校、华北联合大学、中共中央高级党校等，中等教育机构有鲁迅师范学校、边区中学等，小学数量也从100余所迅速发展为500余所；另外还有冬学、识字班（组）、夜校、半日校、俱乐部等形式多样的社会教育组织。

抗日战争时期解放区的教育是中国共产党领导下的人民教育历史发展的新阶段。一方面它继承了第二次国内革命战争时期苏区教育的经验，另一方面，在教育方针、政策上，或在教育的组织形式和规模上，以及在教育的内容和方法上都大大地向前发展了。特别是在干部教育方面、在贯彻教育与生产劳动相结合和发展群众办学方面，更创造出了丰富和宝贵的成绩，为抗日战争的全面胜利、为新中国的解放事业奠定了重要的人才基础。

（五）解放区大力创办干部教育，为革命和建设培养大批干部人才，奠基新中国高等教育

抗日战争结束后，中国共产党根据全国人民的愿望和革命形势的必然发展，建立了比抗日战争时期更为广泛而强大的新民主主义革命统一战线，领导人民解放军和全国人民进行解放战争。解放战争时期，党对教育战线提出的任务和要求，是在已解放的地区，迅速恢复、整顿、改造和发展学校教育，用新民主主义的革命思想教育广大儿童、青年和人民群众，清除敌伪奴化教育和国民党封建法西斯教育及其反革命宣传的影响，提高人民的政治觉悟，训练和培养支援战争、从事各方面的改革和建设工作的干部。因此，根据革命战争和解放区建设的需要，干部教育是解放战争时期教育工作的重中之重，诞生了如华北联合大学、延安大学、东北大学、西北军政大学、白求恩医科大学、人民革命大学、铁路学院、行政干部学校等综合学校和工、农、医、经、艺、商、政专科学校，并开办了许多中学及师范学校。

中国共产党为什么能？革命和建设为什么行？原因很多，但有一条最为根本：中国共产党人重视人才、重视教育对人才的培育；党的领袖深知革命和战争、建设和发展、改革和创新，重在主义、贵在人才。共产党的主要领袖善于抓住主要矛盾，党在每个革命历史时期和革命的重要阶段都有主要目标，一切革命工作

包括教育工作在内，都必须围绕这个目标开展，讲究快速实效。因此，党在不同历史阶段都根据革命任务和斗争形势的发展，及时地提出了在教育工作方面的方针和政策，使教育成为动员群众、训练干部去战胜敌人的有力工具。坚持以政治思想、马克思主义理论为"道"，以"道"引导人才培养方法之"器"，是革命年代中国教育最为显著的特色。

四、新中国建立以来教育的道与器——道器相济、各美其美

习近平在全国教育大会上指出："教育是国之大计、党之大计。""两个大计"的提出，高度概括了党对教育的极端重视。新中国成立以来，我党执着追求、不断创新，努力走出了一条富含中国特色社会主义教育道器相济的金光大道。新中国成立以来教育的道与器经历了以下各个阶段，存在正反两个方面的经验与教训。

（一）接受与改造旧教育，调整院系——为社会主义教育的道与器奠基（1949—1956）

1949年，新民主主义革命取得胜利，中国共产党领导人民当家作主，成立中华人民共和国。此时，百废待兴，一切都需要摸索。新生的共和国教育破旧与布新并举——一方面要改造旧的教育目的、教育制度、教育内容、教育方法等；另一方面要快速地实现新民主主义教育，划清与旧民主主义教育的界限。1949年10月颁布的《中国人民政治协商会议共同纲领》为新中国教育文化事业定性：中华人民共和国的文化教育为新民主主义的，即民族的、科学的、大众的文化教育。人民政府的文化教育工作，应以提高人民文化水平、培养国家建设人才、肃清封建的、

买办的、法西斯主义的思想、发展为人民服务的思想为主要任务。当年12月，第一次全国教育工作会议召开，确定了新中国教育工作方针，会议决定"以老解放区经验为基础，吸收旧教育某些有用的经验，借助苏联经验，建设新民主主义教育"。由此，开启了1949—1952年的国民经济恢复时期，实现由半殖民地半封建教育向新民主主义教育的转变；其后1953—1956年完成对农业、手工业和资本主义工商业的社会主义改造，实现由新民主主义教育向社会主义教育的转变。

1949年全国解放时，我国学校可以分为两类：一类是老解放区和半解放区坚持下来的各级学校；另一类是民国时期遗留下来的各级学校，成分比较复杂，有国民政府管辖的公立学校，有私立的学校，还有接受外国津贴的学校。要实现新民主主义教育，须接管接办民国时期遗留下来的各级学校。对于民国政府管辖的公立学校，党和国家派出了相当数量的干部妥善地开展了接管和改革工作，争取了大批爱国知识分子为人民服务。对于教会学校，为了肃清美国的影响，维护中国人民文化教育宗教事业等的自主权利，以及彻底制止美帝分子利用文化教育救济机关和宗教团体来进行反动活动，教育部于1951年1月11日发出《关于处理接受美国津贴的教会学校及其他教育机关的指示》，确定了处理接受外资津贴学校的原则、办法和接受工作中的具体政策和措施，召开了处理接受外国津贴的高等学校会议，其后相关部门着手接受改造。对于私立学校，按不同情况或维持私立，或改为公办。据统计，至1950年年末，全国共接办外国津贴的高等学校21所，中学514所，初等学校1 133所。至1956年，全国教会学校接办工作全部完成。至此，接受与改造教育基本完成。

新中国成立伊始的高等教育体系，系科类型分布不合理，文、法、财经居多，工科少，师范院校少，学校规模小，高校集中在经济较发达地区，工科毕业生远不能满足新中国经济建设的需要。面对严峻的形势，中央决定对高校进行院系调整，以期发展新型高等教育。为响应党中央要求，教育部门首先对京、津、沪等地高校推行小范围的局部院系调整。1950年6月召开的第一次全国高等教育会议上，教育部第一次提出了对全国高校进行院系调整的设想，通过了《关于实施高等学校课程改革的决定》；1951年11月召开的全国工学院院长会议拟订工学院系调整方案，揭开了1952年全国院系大调整的序幕。此后的两年内，根据"培养工业建设人才和师资为重点，发展专门学院、整顿和加强综合大学的方针"，全国四分之三以上院校完成调整。1955—1956年，沿海地区一些高校的专业、院系被迁往内地，组建新校或加强内地原有学校的力量。

（二）以苏为鉴、以苏为戒；跃进与"文革"——探索自己的教育之道（1956—1976）

1949年新中国成立伊始，以毛泽东为代表的党的高级领导人始终不断地总结和研究苏联社会主义革命和建设的经验，"以苏为师"，始终不断将苏联经验运用于中国社会主义革命和建设的实践中去。在较早解放的东北地区，教育工作已经开始步入正轨。1949年8月的《东北教育》杂志第五期，就以特辑形式对苏联教育进行了介绍，涉及教育方针、教学大纲、教学计划、师资训练、教科书出版、体育和运动等。1949年12月的第一次全国教育工作会议提出"建设新教育必须借助苏联教育建设的先进经验"。当时，由于苏联专家的帮助，教育部颁行的一系列文件明显地带有苏联气息，甚至一些教科书都译自苏联。教育界对苏联经验的学习是广泛和深入的，不仅学习宏观的教育理论、教育制度、课程教材，还学习微观的工作方法、学校管理、课堂教学、考试考查等。

　　通过数年的社会主义改造与建设实践，社会主义建设取得了巨大的成就，但在学习苏联经验过程中也出现了简单化、绝对化的毛病。1956年前后，以毛泽东为核心的中央领导集体对于苏联模式的弊端已有了初步、客观的认识，并开始对中华人民共和国成立以来以苏联为模式的经济建设的经验教训进行总结，思考在中国如何进行社会主义建设的问题，探索出一条有别于苏联模式的、符合中国实际的社会主义建设道路。以毛泽东提出"以苏为鉴"，开启了探索中国社会主义建设道路的新风。教育方面，新的教育制度初步建成，摆脱原有苏联模式、探索适应中国国情的教育改革从此开始。同时，受"多快好省"总路线的影响，自"大跃进"以来，整个国家建设陷入了急躁冒进之中，许多不尊重基本规范及基本规律的行为被视为"创造"，而遵从的、遵守的则被视为"迷信"，文化教育也是如此。教育大跃进表现在教育方针的改变、教育思想的跃进、学校规模的激增，产生了许多与国情不相适应的问题，造成了严重的后果。1960年9月，针对当时"大跃进"引起的困难局面，中央提出"调整、巩固、充实、提高"八字方针，其后教育战线也前后召开三次教育调整工作会议，研究教育领域贯彻执行八字方针精神。在《教育部直属高等学校暂行工作条例（草案）》（简称《高教六十条》，1961年颁布），《全日制中学暂行工作条例（草案）》（简称《中教五十条》，1963年颁布），《全日制小学暂行工作条例（草案）》（简称《小教四十条》，1963年颁布）三个文件的指导下，教育系统重新调整，新中国各级各类学校的比例及规模基本上适应了发展的需要，学校教学有序，教学质量有了一定的提高。

　　然而，20世纪60年代初，为贯彻"调整、巩固、充实、提高"的八字方针精神，规模上有所压缩的学校教育片面追求升学率，导致学生的学习压力有所增加。某些人别有用心地将教育时长、课程数量、学校规矩等问题小题大做，言辞尖锐，上升至阶级矛盾。因此，1966年"文革"一开始，就拿教育领域开刀，鼓动革命师生造反，并快速杀向社会。"文化大革命"以突如其来的暴风骤雨之势，从文教领域开始，席卷社会生活的各个方面，对中国文化与社会发展产生了极具杀伤力的负面影响，1966—1976年，新中国教育走入歧途。"文革"发动之初，教育领域遭受空前的破坏，新中国十七年教育的建设成果和中华文化悠久的教育传统在一片打倒声中岌岌可危。"停课闹革命"打破了原有教育秩序；工人和解放军毛泽东思想宣传队进驻学校，开展"教育大革命"、领导学校的"斗、批、改"；"文革"十年，教育遭受政治干扰，成为受破坏持续时间最长、受害最深的社会领域之一。

（三）教育复苏，体制改革——"器"成为竞争核心（1977—2011）

1977年邓小平复出后自告奋勇主抓教育和科技工作，带来了教育和科技的春天。当年，教育部根据邓小平的指示，重新召开全国招生工作会议，会议期间邓小平要求立即恢复高考。中断10年的高校招生考试得以恢复。1977年，全国共570万考生从工厂、街道、农村甚至军营走上考场，当年共录取高校新生27.3万人。高考恢复，人才培养重新启航，为教育大国向教育强国迈进打下了扎实基础，这是书写大时代的惊天大事。从此，中国教育步入了改革与发展的新征程。"教育革命"思想中裹挟的、轻视知识及知识分子价值的反智主义意识和观念被打破，尊重知识、尊重人才的社会风气日益形成。随后，中国开始恢复向外派遣留学生，整顿学校教育教学秩序，平反冤假错案，调整知识分子政策，召开全国科学大会……中国教育重新走上了正常的轨道。1982年9月，党的十二大首次将教育确定为今后社会主义现代化建设的重点之一，同年全国人大通过的《中华人民共和国宪法》，把教育方针、地位和作用等列入了这一根本大法。此后，邓小平提出教育"三个面向"的现代化任务和培养"四有人才"的目标，确立了新时期教育发展的方向和基本价值。1985年5月，《中共中央关于教育体制改革的决定》颁布，直面一些深层次的问题，如试图解决义务教育、职业技术教育、高等教育在加快教育发展步伐所面临的旧的体制、制度和政策束缚等宏观层面的问题：一是首次提出了实行九年制义务教育的历史性任务；二是坚持分类指导；三是坚持体制与机制改革，例如基础教育实行"地方负责，分级管理"体制，把发展基础教育的责任交给地方，调动地方的积极性；职业教育领域提出要改革劳动人事制度，实行"先培训、后就业"的原则；高等教育领域则明确要求改革高等学校的招生计划和毕业生分配制度，扩大高等学校办学自主权；四是组织保障，成立国家教育委员会，统筹整个教育事业的发展与改革。《中共中央关于教育体制改革的决定》在教育方针认识上实现了由"教育为无产阶级政治服务"到"教育必须为社会主义建设服务"的思想升华和历史飞跃，为后一阶段的教育改革奠定了基础，提出了课题。

进入20世纪90年代，中国的经济体制和科技体制的改革继续深入，教育快速发展。1990年12月30日，十三届七中全会通过《中共中央关于制定国民经济和社会发展十年规划和"八五"计划的建议》，提出"继续贯彻教育必须为社会主义现代化服务，必须同生产劳动相结合，培养德、智、体全面发展的建设者和接班人的方针"。1993年2月，中共中央、国务院颁布的《中国教育改革和发展纲要》重申了该方针，且围绕着世纪末的目标，再次明确了探索和建设中国特色社会主义教育体系的一系列认识和实践问题，明确了中国教育发展的世纪末和跨世纪战略目标、部署和措施，标志着中国教育改革进入内涵发展的阶段。随着教育改革的推进和教育认识的深化，教育方针又被赋予了新的时代内容：1995年3月，教育的根本大法《中华人民共和国教育法》颁布，在教育方针的表述方面，"建设者"前加上"社会主义事业的"外，还在"德、智、体"后加上了"等方面"；进入新世纪后，随着中国综合国力的快速增强，政府对教育投入的加大，中国教育从完成数量增长进入到实现质量提高的发展时期。《中华人民共和国教育法》也与时俱进，于2009年做了相应修正。

然而，随着市场经济的不断深入，社会竞争日趋激烈。特别是随着1999年高校扩招、高校毕业生就业制度由国家统一分配制走向"双向选择、自主择业"制，教育竞争白热化；加之各地义务教育、高中教育的优质资源有限，应试教育、"唯分数论"成为"教育之痛"，智育一家独大，素质教育雷声大雨点小，"以德为先、以生为本，探寻规律、培养时代新人"的优秀传统教育和社会主义新时代教育之道严重丢失，"器"——提升考试分数的教育之技成为各级各类学校，特别是中小学的竞争核心，学生的学业负担、家长的教培负担越来越严重，教育改革进入了"非改不可"的深水区。

（四）以立德树人为道，教育进入道器相济的新时代（2012—2022）

党的十八大以来，中国教育取得历史性成就，教育面貌正在发生格局性变化：教育普及水平实现历史性跨越，更好保障了人民受教育机会，有效缓解了群众急难愁盼问题；同时，各级教育普及程度达到或超过中高收入国家平均水平，其中学前教育、义务教育达到世界高收入国家平均水平，高等教育进入普及化阶段。2015年、2021年，国家第二次、第三次修正《中华人民共和国教育法》，涉及教育指导思想、地位、方针、内容的四个条款作相应修改。最新修订版的相关表述是：国家坚持中国共产党的领导，坚持以马克思列宁主义、毛泽东思想、邓小平理论、"三个代表"重要思想、科学发展观、习近平新时代中国特色社会主义思想为指导，遵循宪法确定的基本原则，发展社会主义的教育事业（指导思想）；教育是社会主义现代化建设的基础，对提高人民综合素质、促进人的全面发展、增强中华民族创新创造活力、实现中华民族伟大复兴具有决定性意义（作用），国家保障教育事业优先发展。全社会应当关心和支持教育事业的发展。全社会应当尊重教师（地位）；教育必须为社会主义现代化建设服务、为人民服务，必须与生产劳动和社会实践相结合，培养德智体美劳全面发展的社会主义建设者和接班人（方针）；教育应当坚持立德树人，对受教育者加强社会主义核心价值观教育，增强受教育者的社会责任感、创新精神和实践能力。国家在受教育者中进行爱国主义、集体主义、中国特色社会主义的教育，进行理想、道德、纪律、法治、国防和民族团结的教育。教育应当继承和弘扬中华优秀传统文化、革命文化、社会主义先进文化，吸收人类文明发展的一切优秀成果（内容）。2021年，全国共有各级各类学校52.93万所，各级各类学历教育在校生2.91亿人，专任教师1 844.37万人。难以想象，1921年，中国革命先烈用教育激起铁血洪流，唤醒民众；而现今，中国共产党带领人民群众创造了世界最大教育体系。

　　教育是民族振兴、社会进步的重要基石，是功在当代、利在千秋的德政工程，对提高人民综合素质、促进人的全面发展、增强中华民族创新创造活力、实现中华民族伟大复兴具有决定性意义。高度重视教育工作是党的优良传统。从"为社会主义现代化服务"到"为社会主义现代化建设服务、为人民服务"，从"与生产劳动相结合"到"与生产劳动和社会实践相结合"，从"德智体"到"德智体美劳",从"德育为先"到"立德树人",寥寥数字变化背后是中国共产党充分吸取党举办教育百年来的理论与实践经验,守正创新,不断探索教育工作新思路的智慧结晶。道德是中华文化之精粹,是立国之基、国人之魂、修身之本、力量之源。立德,贯穿整个中华文明,是中华民族精神之魂。一方面,立德树人是对人才培养规律的高度凝练和深刻总结,是推进新时代中国教育发展的必然要求。另一方面,中国特色社会主义教育制度建设与实施是中国特色社会主义教育理论与实践的产物,推进着当代中国教育工作全面发展,又决定着人才培养理念的话语指向,推进着德育的制度建设发展与话语创新。道器相济,是推进中国特色社会主义理论体系教育发展的应然要求和必由路径。

五、道器相济,开创未来——建设中国特色社会主义教育强国

前文回顾了教育的有关概念,全景式、纵贯性地回顾了由古至今中国教育的道器问题。忆往昔峥嵘岁月,看未来强国梦成。以传统文化中的教育之"道"作为种子,与现代教育之"器"相结合,道器相济、采古今之所长,可以结出累累育人硕果。在今天和未来,我们应把握道器相济原则,真正早日建设成中国特色社会主义教育强国。

一是要弄通悟明新时代教育的道与器,做到以道御器。道是本体、是辩证法,器是载体、是方法论,以道御器才能行稳致远。新时代中国教育之道,即"立德树人"。新时代党的教育方针明确将立德树人作为教育的根本任务。"有学问而无道德,如一恶汉;有道德而无学问,如一鄙夫。""德"有两个层次的意义:从教育哲学角度看,"德"指认识世界、社会和自然的方式,

以及按照世界、社会和自然的客观规律行事的意识和能力。从人的社会性和个体性上看，"德"指人的品德修养；"树人"的"树"暗含挺直身躯站立的意思。在新时代，"立德树人"就是培养自信、自立、自强、有骨气、有思想、有素质的人，培养一代又一代拥护中国共产党领导和社会主义制度、立志为中国特色社会主义奋斗的有用人才。立德树人就是新时代中国教育之道。一切教育，不论是基础教育、高等教育，还是社会教育、学校教育、家庭教育都要以此为道，以道衔器。只有弄通悟明了新时代中国教育的道与器的关系问题，才能解决好为谁培养人、培养什么人、如何培养人等关乎新时代中国教育大是大非的根本性问题。

　　二是要科学把握教育的道与器的辩证统一，做到道器相济。进入新时代，中国共产党人以马克思关于人的全面发展理论为指导，继承、吸收和发展中国优秀传统的教育思想，遵循教育规律，总结历史经验，进一步完善了党的教育方针，坚持教育为社会主义现代化服务，为人民服务，把立德树人作为教育的根本任务，全面实施素质教育，培养德智体美劳全面发展的社会主义建设者和接班人，办人民满意的教育。领悟好和执行好新时代党的教育方针就是要科学把握中国教育道与器的辩证统一，切实做到道器相济、各美其美。作为教育的根本任务的"立德树人"，饱含着教育道与器的辩证统一——既继承中国传统上就有的"立人先立德""传道受业""格物致知""知行合一"等优秀教育思想，即通过教育造就人高尚的道德的同时，还要从具体事物入手、在实践中探究事物的客观规律，达到"树人"的目的；又饱含新时代教育的必然之道，教育就是要培养人们爱国爱党爱民爱社会主义的高尚品德。立足中国大地办好中国教育，就是立足于中国文化土壤和中国的客观实际，"立德"为道，"树人"为器，培养能够解决中国当代问题、能够为中国实现伟大复兴贡献智慧和力量的一代代优秀人才。

三是要坚持将教育的道与器落到实处，加快教育强国建设步伐。为谁培养人、培养什么人、如何培养人是一切教育工作的出发点和落脚点，是新时代中国教育道与器要解决的终极问题。对于这一终极问题，如果不直接亮明观点，擦亮眼睛，容易在百年未有之大变局中迷失教育的方向，重蹈覆辙。以习近平为核心的新一代党中央拨云驱雾，响亮指出："我国是中国共产党领导的社会主义国家，这就决定了我们的教育必须把培养社会主义建设者和接班人作为根本任务，培养一代又一代拥护中国共产党领导和我国社会主义制度、立志为中国特色社会主义奋斗终身的有用人才。"培养什么样的人——培养德智体美劳全面发展的社会主义建设者和接班人；为谁培养人——为党育人、为国育才；如何培养人——以树人为核心，以立德为根本。新时代的人才培养标准是要培养德才兼备、顶天立地、能担大任、务实创新的人。他们应笃志好学，勇挑重担；他们不坐而论道，而是起而行之。明白了这个道理，在教育的道与器上，我们首先要遵循教育规律、人才成长规律，纠正非理性的过度教育、拔尖教育、唯分数教育等"失道"教育；其次要继承和发扬中国优秀传统教育文化，巩固广大社会主义教育成果，增强新时代教育自信；再次要扩大教育开放，深化教育改革，加快建设现代化教育新体系。具体而言，应构建以学生为中心的育人体系，将人才培养目标从知识传授转向能力培养；彻底进行教育范式变革，由教师以教为主转换为以导为主，从"型塑"转化到"人塑"即个性化教育；推进"以分取人"向"多样性识才"转变，构建终身学习的社会教育体制机制。

总之，切实做到教育的道器相济、各美其美，建设中国现代化教育强国的目标一定能尽快实现。

后 记

　　吾与险雄，同生一个乡，同喝一山水，同在一所中学读书。后来，他先进了一所师范院校就读，晚一年，我也进了他就读的这所师范院校。他在大学里读的是英语，我读的是汉语。毕业后，他分配到了铅山中学教书，教得风生水起，成了当地名师，先后担任过县中英语科主任、教务主任，并被提升为县二中副校长。谁想他却毅然离职，与同样毕业于上饶师范学院数学系的同事、时任铅山中学副校长的刘谷来一起创办私立铅山致远中学。而我，本来的愿望是毕业后当一名乡村中学语文教师的，却留了校，从事管理、教学和科研工作，一干就是一辈子。

　　多少年来我和险雄一直都有联系，知道他潜心办学。2001年，为方便管理，致远中学分设为致远高中和致远初中，两个学校都办得很好。险雄的致远初中，连续十多年中考成绩名列全县第一，在整个上饶市的义务教育领域也声名鹊起。而我作为一名教育理论研究者，主要研究方向是高等教育，身处地方高师院校，同时在南昌大学担任教育学研究生导师，主带高等教育学方向和教育学原理方向；这都离不开基础教育研究，所以就从单纯地关注同学办学变成了学术上的探究。开始我曾带着我的研究生，以致远初中为个案研究民办优质学校问题，随着了解的一步步深入，我对致远初中的办学越来越感兴趣，结果我以对话的形式和险雄一起写作出版了一本学术专著《农村基础教育微观史——与一所中学校长的对话》，写的就是致远初中和我及险雄两人的中学母校——玉山樟村中学的事，书名最后是由复旦大学出版社改定的，也许站在大城市的角度，致远初中和樟村中学都是农村基础教育的学校，因有此书名。

出版了这本合作研究的书后，我也刚好从师范学院副校长的岗位上退休，险雄要我帮他就致远初中的学校文化提升问题做点工作。于是我先后用了一年多的业余时间进行调研、交流、思考、梳理，将致远初中学校的文化予以提炼，形成一些精要的概述，成为一本值得保存的《致远初中学校文化概览》，共分十二章。前七章主要是从宏观上、中观上论述致远初中的学校文化，有提纲挈领的作用；后五章中的第八、第九、第十、第十一章主要是从微观上、操作上阐述致远初中学校的教学工作、制度建设、德育工作、党建工作，是对其长期积累的经验的归纳、总结，既是具体层面的，也是文化层面的。第一章为文化是一种力量，也作导论，主要简述文化的作用，以及致远初中有怎样的文化力量。第二章简要介绍致远初中的情况和发展过程。第三章剖析致远初中的文化内涵。第四章分析致远初中的办学理念、办学精神和办学定位问题。第五章讲致远初中的治理及未来的走向。第六章是创始校长叶险雄"致致远同学书"。第七章则是介绍致远初中学校的校训、校歌、校标（logo）。校歌歌词是由我创作的，书中也作了解读，作曲的是中国音乐家协会会员汪晓万教授。第八章谈致远初中的教学之法。第九章论述致远初中的制度之盾。第十章讲述致远初中的德育之魂。第十一章为致远初中的党建之基。最后是第十二章，论中国教育的"道"与"器"，这是我与曾经的同事张乃元（现为华南师范大学教育学博士生）合作的一篇学术论文，主要梳理了中国教育从古至今的道与器关系问题，因契合全书的内容——致远初中之所以能够办得好，就在于他们的教育既重道又重器，因此收入本书。愿乃元同志将来有更大的学术收获。

为了使读者"一目了然"，我延续了之前在复旦大学出版社出版的几本学术著作的做法，即在目录中将每一章的精华都放在了章目下面，有点论文的"摘要"之味。提炼这样一本学校文化读本，我和险雄是用了心的，但是否达到了预期目的，有待于读者和时间的检验。读本中引用了一些前人和今人的东西，这里一并致谢。要特别感谢的是上饶师范学院党委书记陈洪生教授、校长詹世友教授的关心、支持；感谢师院党委（校长）办公室主任黎刚同志、副主任张海芳同志的支持；感谢复旦大学出版社编辑同志的辛勤付出。要感谢的还有我的"小朋友"彭兴华、王苗同学，他们为本书的打字、整理出了不少力，还得感谢致远初中的徐晓明校长、胡剑文副校长，他们为本书提供了很好的材料。

本书得到了江西省高校人文社会科学研究项目（JY19136）的支持，是该项目的研究成果之一。

是为后记！

致远中学校歌

1= C 4/4

赖明谷 词
汪晓万 曲

(3· 3 3 2 1 1 | 5· 5 5 4 3 3 | 4 0 5 0 6 0 i 0 | 5 4 3 4 5 — |

3· 3 3 2 1 1 | 5· 5 5 4 3 3 | 4 0 5 0 6 0 i 0 | 5 4 3 2 1 0 0) |

3· 3 3 2 1 | 3 5 5 6 5 — | 6· 7 i 5 5 | 4 3 2 1 2 — |
信　水之　畔，　武夷山　旁，　　阳　光少　年，　书声琅　琅。
信　水之　畔，　武夷山　旁，　　阳　光少　年，　书声琅　琅。

3· 3 3 2 1 | 1 2 3 5 6 — | i· i 7 6 5 | 4 3 2 3 1 — |
立　德树　人，　青苗茁　壮，　　致　远致　远，　弘毅刚　强。
五　育并　举，　全面发　展，　　致　远致　远，　桃李芬　芳。

1 — 4 5 6 | 6 — — — | i i i 5 4 3 4 | 5 — — — |
(独唱)阳　光　　下，　　国旗招　展，

6 6 — 7 | i 7 6 5 3 | 4 3 2 1 | 2 — — — |
庄严　的　国　歌在　心头唱　　响。

1 — 4 5 6 | 6 6 — 5 | i i i i 7 6 | 5 6 5 — — |
(齐唱)啊，　　致远　　你是知　识的海　洋，

5 — 6 7 | i i 5 — 3 | 4 3 — 2 1 | 1 — — — :||
你　是　成长　的摇　　　篮。

5 — 6 7 | i — — — ||
摇　　篮。

图书在版编目（CIP）数据

致远初中学校文化概览/赖明谷,叶险雄著. 一上海：复旦大学出版社,2023.5
ISBN 978-7-309-16754-2

Ⅰ.①致… Ⅱ.①赖… ②叶… Ⅲ.①中学-校园文化-建设-南京 Ⅳ.①G637

中国国家版本馆 CIP 数据核字(2023)第 018830 号

致远初中学校文化概览
赖明谷　叶险雄　著
责任编辑/郑越文

复旦大学出版社有限公司出版发行
上海市国权路 579 号　邮编：200433
网址：fupnet@ fudanpress. com　http://www. fudanpress. com
门市零售：86-21-65102580　团体订购：86-21-65104505
出版部电话：86-21-65642845
上海四维数字图文有限公司

开本 890×1240　1/32　印张 5.5　字数 133 千
2023 年 5 月第 1 版
2023 年 5 月第 1 版第 1 次印刷
印数 1—5 100

ISBN 978-7-309-16754-2/G·2477
定价：20.00 元